高校学生事务管理工作与模式研究

李晓辉 著

天津出版传媒集团
天津科学技术出版社

图书在版编目（CIP）数据

高校学生事务管理工作与模式研究 / 李晓辉著. --
天津：天津科学技术出版社, 2022.11
ISBN 978-7-5742-0596-3

Ⅰ.①高… Ⅱ.①李… Ⅲ.①高等学校-学生工作-教育管理-研究 Ⅳ.①G645.5

中国版本图书馆CIP数据核字(2022)第194677号

高校学生事务管理工作与模式研究
GAOXIAO XUESHENG SHIWU GUANLI GONGZUO YU MOSHI YANJIU

责任编辑：宋佳霖
责任印制：兰 毅
出 版：天津出版传媒集团
天津科学技术出版社
地 址：天津市西康路35号
邮 编：300051
电 话：（022）23332490
网 址：www.tjkjcbs.com.cn
发 行：新华书店经销
印 刷：定州启航印刷有限公司

开本 710×1000 1/16 印张 9.5 字数 210 000
2022年11月第1版第1次印刷
定价：58.00元

前言 /*Preface*

我国的高校学生事务管理工作是高校学生思想政治教育工作的有机构成和开拓延伸。高校学生事务管理是高校管理的一个重要组成部分，它对高校人才培养目标的实现具有不可替代的保障和支撑作用。在新的社会发展形势下，高校学生事务管理工作面临着新情况、新问题和新发展。我国高校学生事务管理工作需要继承优良传统，借鉴国际有益经验，扩大视野，开拓创新。本书对高校学生事务管理的理论和实践进行梳理和总结，呈现高校学生事务管理工作与模式的研究成果，内容包括高校学生事务管理工作概述、高校学生事务管理及其模式的发展演进、高校学生事务管理主体的角色与定位、高校学生事务的管理与服务、高校学生事务管理的典型案例分析、高校学生事务管理模式的优化路径；反映了加快高校学生事务管理理论的科学研究以及加强对高校学生事务管理的实践指导，是我国高校学生管理工作的当务之急。本书以高校学生事务管理工作与模式的综合系统研究为特色，填补了高校学生事务管理研究中关于学生管理典型案例分析的实践内容的空白。本书在编写过程中，参考和引用了很多专家、学者的研究成果，主要参考文献在书稿中做了标注，在此深表感谢！

本书受笔者能力与水平所限，最后呈现在广大读者面前的书稿仍显青涩，难免会存在不足之处，敬请广大读者批评指正！

目录 /Contents

第一章　高校学生事务管理工作概述

第一节　高校学生事务管理的基本概念

一、事务

对“事务”这一概念进行界定和分析是认知高校学生事务管理的前提和基础，也是全面、准确理解高校学生事务管理的基石。“事务”一词运用广泛，它有两方面的含义：一是指所做的或要做的事情；二是指总务，即机关、学校等单位中的行政杂务。

从我国高校学生事务管理的历史和现状视角来看，事务是指组织或个人按预期目标所要做的事情或整体的工作任务。

根据上述概念，事务具有以下性质：

第一，指向性。任何事务都是依目标而生的，自始至终都指向目标，具有明确的指向性。目标应是具体的，并且是可实现的。事务的指向是指所做事情带来的效果，如正向效益、增量、认可、满意等，它既是主观评价，也是一种客观测评。

第二，整体性。事务是一个实体，它由目标、人和事等相关要素构成，具有整体性。事务由一项项具体的工作组成，强调的是全面的推进和整体的完成。整体性要求步调一致，相互关联，相互促进。事务好比一个系统，事务中的每一项具体工作都相互依存，缺一不可。

第三，过程性。事务实际上是由一系列动作构成的，具有过程性。例如，高校辅导员要与学生谈话，第一步，辅导员要确定谈话的内容；第二步，辅导员要确定谈话的对象并通知对方；第三步，辅导员要选择谈话的地点并约定谈话的时间；第四步，辅导员与学生面对面地谈话。一个个动作的接续就好比将点连成线一样，是一个过程。

第四，持久性。当事务开始时，其影响就会随之产生，随着事务越来越接近完成，其影响的力度也将越来越大。当一项事务完成之后，它的影响将持久性地存在，对“目标”形成持久有效的冲击力。

二、高校学生事务

（一）高校学生事务的定义

高校学生事务是指高校为维持高校学生正常的学习、生活秩序，促进其全面发展，实现高等教育培养目标，在教学过程之外所必须提供的具体事务，一般可分为管理性学生事务、指导与服务性学生事务两种。管理性学生事务主要涉及招生与学籍管理、日常行为管理、社团及课外活动管理、奖惩管理、资助管理、宿舍管理、就业管理等。指导与服务性学生事务涉及学生干部培训、活动辅导、心理咨询、学务指导、就业指导、各类信息服务等。高校学生事务的定义包含以下几点含义：

第一，高校学生事务是以满足高校学生发展需要和适应人才培养规律为前提的。高校学生事务只有在存在一定的学生需要且具有一定的社会保障的条件下才会存在。

第二，管理性学生事务强调的是按照规章制度，对全体学生进行规范化的管理。指导与服务性学生事务是指按照一定的理论、方法和规范的流程对学生进行个性化的管理，是学生主动选择的具体事务。两者的分类只是相对的，如高校学生事务管理者对心理障碍较严重的学生及时给予主动干预，既属于指导与服务性学生事务，又属于管理性学生事务。

第三，高校学生事务从其内容来看，是相对教学内容而言的；从时间来看，主要发生在课外活动的时间里；从空间来看，主要发生在教室之外的校园环境里。

（二）高校学生事务的性质

性质是事物本身所固有的内在属性，是区别于其他事物的根本依据，也是同类事物所共有的基本特质。笔者认为，高校学生事务的性质主要有派生性、行动性、取向性、生成性和参与性五点。

（1）派生性。高校的培养目标是培养德、智、体、美、劳全面发展的社会主义建设者和接班人。学生进入高校学习，不仅要进行学术训练，还要进行非智力能力的开发和拓展。学生在学习的过程中，必然会遇到各种困难和问题的阻碍，为确保学生顺利完成学业，实现高校的培养目标，高校必须为学生提供各种帮助和服务，让学生更好地学习，更好地成长、成才。高校学生事务服务于学生成长、成才，因而可以说，高校学生事务是从学生学习、成长、成才中派生的，具有鲜明的派生性。

（2）行动性。高校学生事务与学生需要息息相关。学生在成长过程中会遇到很多困惑，高校学生事务管理者要善于引导学生拨云见日，找到正确的方向，将“惑”变成“获”，帮助学生解决学习困惑、发展困惑、就业困惑；当学生遇到障碍时，高校学生事务管理者要用爱心帮助他们，用真情温暖他们，将“碍”变成“爱”，帮助学生解决学业困难、生活困难、工作困难；当学生面临的压力越来越大时，高校学生事务管理者要及时用心来帮助学生打开心结，将“结”变为“解”，帮助学生解决交往心结、压力症结、情感纠结。无论是促进学生全面发展，还是有目的地对学生施加影响，最关键的是行动。行动性是高校学生事务的基本性质，高校学生事务就是要根据学生需要、问题需要和目标需要而展开行动。

（3）取向性。取向性实际上就是方向性。高校学生事务并不是纯事务性的工作，它隐含着目标和方向。高校学生事务的核心要义是帮助学生解决具体的实际问题，提供切实有效且周到的服务，引导学生、教育学生。高校学生事务的有效开展，可以帮助学生正确处理学习成长、择业交友、健康生活等方面的具体问题，提高其思想认识和精神境界，培养其良好的心理品质和自尊、自爱、自律、自强的优良品格，增强学生克服困难、承受挫折的能力，激发学生不断追求更高的目标，使高校学生成为有理想、有道德、有文化、有纪律的社会主义新人。高校学生事务也是一种教育活动，指引着学生向上、向前、向善，具有鲜明的取向性。

（4）生成性。高校学生事务是由问题、需求及任务生成的，以一种非预设性、非秩序化的方式存在。与教学事务相比，高校学生事务总是以非定点、非定时、非确定的方式出现，呈现出明显的非线性和复杂性的特征。高校学生事务的存在不是靠严密的控制与操纵，也不靠程序化的运作，而是强调具体、特定的学生成长情境下的特殊规律的呈现及作用，关注在多种因素的交互作用下随机产生的丰富、复杂的变化。高校学生事务与预设的学术事务相比，更加强调学生的自主构建和动态生成。从某种意义上说，高校学生事务是一个更为复杂、多元、不可预测的系统。高校学生事务具有一定的不可预见性，既不能完全由高校学生事务管理者单方面决定，又不能事事都在事前预料设计，它是在师生互动过程中随时变化而生成的。

（5）参与性。高校学生事务的形成、发展以及对学生成人、成才产生积极效果，均离不开学生的积极参与。因此，高校学生事务的存在，必须以学生主体的参与为前提。只有学生主体积极参与，才能真正达到高校学生事务的有效生成。从学生成长的视角而言，高校学生事务如果没有学生的参与，只有事务的完成，就会产生远离学生的结果；单纯地给予现成的“成果”让学生接受，学生就不会有成长的突破与成果的转化；只有让学生主体真正参与事务，才能有效调动学生个体的能动性和创造性，从而促进各种资源的整合，让学生获得体验和感悟。此外，学生主体的参与也离不开师生之间的交往互动。师生互动、学生与学生互动会形成一个有利于学生成长的事务场。在这个场中，通过教师与学生个体或群体之间的互动，师生之间、学生与学生之间能够分享彼此的经验和认识，交流彼此的情感和体验，拓展彼此的眼界和视野，促进高校学生事务的有效生成。

（三）高校学生事务的分类

视角不同，高校学生事务的分类也不同。高校学生事务分类可从以下两个视角出发：一是学生视角，二是高校学生事务管理者视角。

1. 学生视角的分类

从满足学生需求、促进学生发展出发，高校学生事务可分为：学习事务、经济事务、健康事务、权益事务、生活事务、职业事务等。

（1）学习事务。学习事务是指学生在校期间专业学习方面所涉及的相关事务，如课程选择、专业定位、学习目标的确立、学习方法的习得、考试考研等。

（2）经济事务。经济事务是指学生在校期间经济方面所涉及的相关事务，如奖学金的获取、助学金的申办、国家助学贷款的申请、勤工助学的参与及学费减免的办理等。

（3）健康事务。健康事务是指学生在校期间身心健康方面所涉及的相关事务，如身体疾病的医治、心理调适及体育活动的开展等。

（4）权益事务。权益事务是指学生在学习期间权益方面所涉及的相关事务，如违规、违纪处理的申诉，奖励、表彰中的异议及问题、意见的投诉等。

（5）生活事务。生活事务是指学生在校期间生活方面所涉及的相关事务，如报到注册、身份证明的办理、住宿变更的申请、休闲娱乐的支持等。

（6）职业事务。职业事务是指学生在校期间职业方面所涉及的相关事务，如职业规划、就业实习、职业咨询、应聘面试及社会实践等。

2. 高校学生事务管理者视角的分类

（1）维稳事务。维护稳定是高校学生事务管理者的首要任务，也是一项政治任务。高校学生事务管理者要及时了解和掌握学生的思想政治状况，针对学生关心的热点、焦点问题，及时进行教育和引导，化解矛盾冲突，参与处理相关突发事件，维护好校园的安全稳定。

（2）发展事务。发展是当今时代的主题，无论是社会、学校还是个人都有发展的迫切需要。高校学生事务管理者的工作目标就是促进学生发展、学校发展和自身发展。促进学生发展是指促进学生的全面发展，包括社会发展（社会责任感的发展）、体力发展、智力发展、职业发展、情感发展和精神发展六个方面。促进学校发展是指促进学校综合实力的提升，为社会培养大量优秀的人才，提供更多的科研成果和社会服务，引领社会不断向前发展。而促进自身发展是指促进高校学生事务管理者工作能力、工作水平及自身综合素质的发展。常言道："要给学生一杯水，自己首先应有一桶水。"指的就是这个道理。因此，高校学生事务管理者要做到：主动学习和掌握高校学生思想政治教育方面的理论与方法，不断提升工作技能水平；定期开展对相关工作的调查和研究，分析工作对象和工作条件的变化，及时调整工作思路和方法；主动运用网络等各种新的工作载体，努力拓展工作途径，贴近生活、贴近学生，提高工作的针对性和实效性，增强工作的吸引力和感染力。

（3）服务事务。坚持解决思想问题与解决实际问题相结合，既讲道理又办实事，既以理服人又以情感人，增强思想政治教育的实际效果，这是加强高校学生思想政治教育的基本原则。搞好教育、管理和服务是对高校学生事务管理者的基本要求。高校学生事务管理者要做到：经常性地开展谈心活动，引导学生养成良好的心理品质和自尊、自爱、自律、自强的优良品格，增强学生克服困难、承受挫折的能力，有针对性地帮助学生处理好学习成才、择业交友、健康生活等方面的具体问题，提高其思想认识和精神境界；落实好对经济困难学生的资助工作，组织好学生的勤工助学活动，积极帮助经济困难学生完成学业；积极开展就业指导和信息服务工作，为学生提供高效优质的就业指导和信息服务，帮助学生树立正确的就业观念。服务既有对学生的服务，也有对学校的服务，更有对社会的服务。对学校的服务主要是为学校教学、科研和人才培养服务；对社会的服务主要是为社会发展和社会稳定提供人才和智力支持。

三、高校学生事务管理

（一）高校学生事务管理的定义

高校学生事务管理是指高校的专门组织和高校学生事务管理者依据国家的法律、政策和人才培养目标，在一定的高校学生事务管理价值观的指导下，运用相关专业知识和技能，合理配置资源，提供促进学生发展所必需的学生事务的活动过程。

从这个定义看，其主要内涵有以下五点：

第一，高校学生事务管理的主体包括专门组织（学生工作处、校团委、院系学生工作组等）和高校学生事务管理者。从纵向看，专门组织分为校、院两级机构，高校学生事务管理者可分为高层（校级领导）、中层（院级领导）和基层人员（如辅导员、相关科室人员）三层；从横向看，专门组织可按职能进行分类（如就业办、招生办、资助管理科、学籍管理科、宿舍管理办公室等），高校学生事务管理者可分为专职人员、兼职人员，以及由高校学生事务管理者授权、聘任的参与管理的学生等。

第二，高校学生事务管理的客体指主体施加影响的人和事，既指学生又指与之相关的学生事务。

第三，高校学生既是高校学生事务管理的出发点，也是高校学生事务管理的落脚点。因此，促进学生发展是高校学生事务管理的核心价值和终极目标。

第四，组织活动主要是指高校学生事务主体按照各自的管理职能，运用一定的管理方法和资源所进行的实际活动。组织活动由计划、商讨、实施、评估等环节构成，是一个封闭系统。只有如此，管理效率和质量才会大大提高。

第五，具备专业知识和技能是从事高校学生事务管理工作的基础条件。专业性和职业性是高校学生事务管理发展的内在要求。

（二）高校学生事务管理的特点

1. 教育属性与管理属性融合

高校学生事务管理的教育属性主要体现在一系列的管理过程中。在从事指导性和管理性的学生事务时，高校学生事务管理实际上是帮助学生探索和澄清价值理念，正确处理个人与集体的关系，约束自己的行为，明确职业发展目标。即使是处罚违纪的学生，也是以教育学生为出发点的。而大量的服务性事务管理也是根据学生需要和不同成长阶段的要求，为学生提供专业的服务及设施，以帮助学生成长。因此，在高校学生事务管理的过程中，体现并发展了大学文化，对学生起到了潜移默化的教育作用，实现了教育属性与管理属性的融合。

正是基于这一特点，高校学生事务管理者这一角色集教育者、领导者和管理者三重身份于一身。教育者的身份要求高校学生事务管理者按照高校的人才培养目标，不懈地从事促进学生发展的工作；领导者的身份要求，高校学生事务管理者必须按照具体事务的要求将人力、设施、经费的配置协调起来，以实现高校学生事务管理的使命；管理者的身份要求高校学生事务管理者必须合理地运用人力资源、物质资源和管理方法，以保证完成本单位的工作任务。

2. 普遍性与特殊性并存

在高等教育的发展进程中，高校学生事务管理已形成了较为鲜明的普遍性特点，主要体现在以下几个方面：

第一，强调学生的主体地位。以学生为本，尊重学生的个体存在，不断满足学生多方面的成长需求，促进学生的自我实现，把促进学生的发展作为高校一切工作的出发点和落脚点。

第二，涵盖多样的工作职责。国内外的高校中，其学生事务管理基本都包括教育、管理、服务三大方面的职责。教育方面包括对学生日常思想状况的把握、道德品质的培养以及行为的规范；管理方面主要体现在对学生管理相关政策、制度的执行及执行程序的公正、公开；服务方面主要体现在对学生的主动干预和对需要帮助的学生提供支持。

第三，日趋增强的服务意识。高校学生事务管理本着“为学生服务”的思想，为学生的发展提供一系列的服务，包括学生的环境适应、学业目标、生活条件、精神健康、经济帮助和职业选择等。高校学生事务管理对学生的服务不仅要着眼于学生当前的需要，还要着眼于学生的长远发展；不但要服务学生个体，而且要促进整体学生生活、学习环境的改善；不仅要服务于学生的主观需求，还要服务于社会对学生的要求。

另外，由于历史文化、社会环境、管理理念和方式的不同，各国高校学生事务管理在发展过程中形成了各自的特征，具有自身的特殊性。即使在同一个国家，由于高校层次和发展历史的差异性，不同高校的学生事务管理也存在差异性。我国高校学生事务管理的特殊性主要表现在以下四个方面：

第一，高校学生事务管理。坚持以马克思列宁主义、毛泽东思想等优秀思想为指导，坚持社会主义办学方向，按照党的教育方针来组织和实施高校学生事务管理任务，始终把引导和帮助学生树立坚定正确的政治方向放在首位。高校学生事务管理工作要同培养社会主义建设者和接班人的根本任务紧密结合起来。

第二，强调党对高校学生事务管理的领导，实施党政合一的两级管理模式，党委是高校学生事务管理的领导核心。高校建立和完善党委统一领导、党政齐抓共管、专职与兼职队伍相结合、全校紧密配合、学生自我教育的领导体制和工作机制。

第三，重视班集体的建设和管理。班级是我国高校最基本的学生组织。从入学到毕业，每一位学生都有与自己发展紧密联系的班集体。这与西方高校学生以社团或宿舍为基本组织有显著的区别。班级组织是高校教育、管理和服务的基本组织，也是高校学生事务管理的主要载体之一，一般设有班委会和团支部两个组织。在高等教育大众化进程中和发展学生个性的教育目标中，学生社团组织日益显示出重要作用，但班级组织仍是高校学生事务管理者必须重视的学生组织，其教育和管理价值是难以估量的。

第四，采用主动干预式的高校学生事务管理方式。西方国家的高校学生事务管理主要是“窗口服务式”，在学生需要的前提下，为找上门来的学生提供服务，学院很少有学生事务管理专职人员。我国高校在院系基层设有学生工作副书记和专职辅导员，他们在日常生活中直接与学生建立密切联系，主动介入学生的学习与生活，开展各种教育管理工作。

3. 科学性与艺术性并重

高校学生事务管理的科学性就是指在合乎高等教育目标的前提下，利用高校学生事务管理的规律，把握学生的特点，明确科学的指导思想，在具体的活动组织过程中，制订科学的管理制度和工作计划，对学生实施正确、有效的教育、管理和服务，促进学生全面发展。

高校学生事务管理的客体既包括具体事务也包括学生，但最终要通过学生的发展体现管理的价值。学生是高校学生事务管理活动中最活跃、最重要的因素，当宏观的科学管理不能解决全部问题时，尤其是学生个性的差异、管理结果不可预知或难以量化时，就需要结合管理的艺术性。高校学生事务管理的艺术性是指将人的情感、友谊、自尊等非理性因素纳入高校学生事务管理思维中，并使高校学生事务管理工作者具有应对非常规事件的处理能力和面对不同特质学生时灵活发挥的管理艺术。

科学性是高校学生事务管理必不可少的基础。它注重客观数据、结论分析、程序规范、理性体验。科学性强调在高校学生事务管理过程中行为的严谨性、系统性和完整性，具有平衡和稳定的功能。科学性强调有效指导相关高校学生事务管理战略决策的形成，明确长远目标和近期任务，实现高校学生事务管理的可持续协调发展。艺术性则是高校学生事务管理创新的灵魂，它注重的是灵活应变、逆向思维、情感认知、审美感悟。艺术性强调思维的升华，如同流动的思想、神韵和血液带来活跃与发展，是一种个性化的管理。因此，在高校学生事务管理实践中，应注重科学性与艺术性的有机融合。

（三）高校学生事务管理的内容

1. 高校学生事务管理的具体管理内容

（1）招生与学籍管理。伴随着高等教育的迅猛发展，高校对生源的竞争日趋激烈，招生人员的工作从检查记录学生的入学条件、对学生的档案进行管理和注册登记转变为走出去积极地争取生源，扮演“推销员”的角色。有的高校甚至将市场营销的技术引入招生过程，如印发精美的宣传品、定向邮寄及电子营销技术等。

高校学籍管理主要涉及对取得学籍资格的学生进行学籍的登记、建档和异动管理，具体包括新生入学注册、学生基础信息登录、学习纪律与考勤记载、学业信息记载（成绩、课外活动、奖励与处分）、学籍变更审核与登记、颁发毕业证书和学位证书、学生信息归档、毕业文凭的电子注册与补办等方面。

（2）新生入学辅导。新生入学辅导是指借助不断推出的服务和帮助，辅导新生完成中学生活向大学生活的过渡，为新生展示学校广阔的受教育机会，促使新生尽快融入校园环境，为他们以后的学习成功奠定基础；一般会利用团体活动、个人咨询、定向课程等手段来向新生介绍如何使用图书馆、如何学习、如何参与校园活动等。我国高校还通过组建班集体、实施军训等工作来完成这一任务。

（3）宿舍管理。学生宿舍管理是高校学生事务管理工作中最主要的工作之一。学生宿舍管理的具体目标是：帮助学生寻求人文价值，拓宽学生在艺术、人文和科学方面的视野；增强学生对社会和他人的责任感，拥护社会公正的理念；促使学生养成健康的生活方式；鼓励学生培养自身的道德品质，丰富他们的精神生活。

（4）日常行为规范和奖惩管理。各国高校对学生的日常行为规范和奖惩管理由来已久，各校无一例外地都将学生日常行为规范和奖惩管理作为高校学生事务管理的一项重要内容。一般认为，制定和执行校园行为规范的目的在于引导、约束和修正学生的行为。对表现突出的学生和集体，按照物质奖励和精神奖励相结合的进行奖励；对违规学生的处罚一般有警告、记过、留校察看、勒令退学和开除学籍等。对违规学生的处罚具有严格的程序，其过程为：原告申诉和举报→被告申诉→校务会决定→实施处罚。

（5）学生资助管理。随着高等教育成本分担制度的推行，需要经济资助的学生越来越多，因此经济资助就成为了高校学生事务管理的一项重要内容。高校对学生的经济资助种类繁多，归纳起来主要有：奖学金、助学金、贷款和勤工助学。奖学金是对学习成绩优秀学生的奖励；助学金主要是针对低收入家庭的学生实施的补助；贷款是指向银行借款支付学费；勤工助学则是高校学生利用闲暇时间在校内外工作以获得收入。

（6）学生组织的指导与管理。学生组织主要指由学生进行管理的组织，如学生会、班委会和各种社团组织等。大学校园里存在众多的学生组织，会举办各种学生活动，能丰富校园生活，且对培养学生良好的素质，形成良好的人际交往能力有着重要的作用。对学生组织的指导与管理主要体现在为其课外活动提供指导并审批活动场地，为其活动的开展提供经费及安全保障。通常高校都建有学生活动中心为学生活动提供方便。

（7）就业指导与管理。为了帮助学生获得满意的工作机会，国内外高校一般都设有就业指导中心负责全校学生的职业生涯规划和就业管理，其任务是指导学生进行自我评价和职业定向、提供就业信息、开设就业指导课、传授求职择业技巧、推荐学生参加就业与职业交流洽谈会、组织校园招聘与面试活动、指导毕业生通过多种渠道就业等。

（8）心理咨询。第一次世界大战后，心理咨询逐渐进入高校学生事务管理的范围。20 世纪 80 年代之后，心理咨询在国内外高校扮演着日益重要的角色。高校学生事务管理者相信咨询是有效地为学生服务的关键所在。心理咨询覆盖了以下几方面：提高学生的社交能力、感情支持、危机干预等。国内外高校一般都设有心理咨询中心。

2. 高校学生事务管理组织自身的管理

（1）组织结构设计。为了完成高校学生事务管理的使命，高校必须设计出一种合理的组织结构，把高校学生事务管理进行分类组合，划分若干部门，并根据管理幅度控制原理，划分相应的管理层次，进行合理的授权，明确组织中的各种关系。一旦高校学生事务管理所处的内外环境发生变化或管理效率低下，高校就要积极地对高校学生事务管理的组织结构、权责关系和工作关系进行评估和重新调整，以保证高校学生事务管理的使命、工作任务的实现。

（2）制度建设与工作评价。制度化是国内外高校学生事务管理的一大特点。高校学生事务管理制度化应坚持以促进学生发展为使命，遵循国家的教育方针及相关的法律法规，总结高校学生事务管理的基本规律，充分考虑各方需求，关注高校学生事务管理的重要岗位人员，关注关键和特殊的组织过程，建立高校学生事务管理制度体系。其制度体系主要包括组织设计标准、管理职责、各岗位工作标准、工作程序、工作评估标准与程序、反馈制度。高校在高校学生事务管理制度体系的运行过程中，应注意管理制度的实施、监督检查和持续改进等环节，始终保障制度体系的有效性。这些高校学生事务管理制度一般要通过一定的制定程序，以规定条例、手册、制度等形式公开发布。

工作评价主要是指围绕各组织和管理者的职责、工作计划、专项任务进行的考核与评价，可分为年度工作评价、专项工作评价，也可分为机构评价、个人评价，其目的是检查高校学生事务管理的绩效和学生的满意度，以改进今后的工作，进一步有效利用资源，促进学生发展。

（3）队伍建设与管理。目前我国的高校学生事务管理者正向专业化、职业化方向发展。高校学生事务管理者必须对学生状况分析、学生学习生活管理、学生活动和环境评价、经费控制及技术使用等技能都了如指掌。

高校应根据学生事务管理人员的工作内容、工作要求、素质要求等，建立岗位标准，包括职责、资格要求、聘任、培训、考核监督、职务晋升、奖惩等标准，以增强高校学生事务管理者的管理水平和归属感。

（4）经费统筹与管理。目前，我国高校学生事务管理的资源主要来自高校的拨款。相对于学生的发展需要来讲，筹措更多的经费仍是高校学生事务管理部门必须重视的问题。为此，我国高校可尝试采用多渠道筹资的方法，引入社会资金（如社会捐赠、校友赞助、企业资金等）增加资金总量；另外，对现有的经费使用进行科学化、规范化管理，避免随意性，力求达到合理有效的利用。

（5）信息化管理。在信息化时代，对于企业来讲，没有卓越的数据管理，就没有成功高效的数据处理，也就无法建立起整个企业的计算机信息系统；这一点对高校学生事务管理来讲也是一样的。信息化管理是指信息系统以数据为中心，而不是事务处理过程。数据是稳定的，而事务处理过程是多变的。首先，高校学生事务信息化管理要建立面向社会、学生公开发布与查询的信息系统，包括学生事务的公告、通知、新闻等信息的发布平台，师生信息交流平台，学生基本信息管理平台，毕业生就业管理平台等。其次，要建立高校学生事务管理人员、学校其他职能部门发布的内部信息管理系统，具体内容包括学生工作办公自动化系统（应满足公文收发、流转、签发、归档等办公需求）、学生日常管理信息维护、学生基本信息维护、学生综合测评信息维护、学生奖惩勤贷信息维护、毕业生就业信息维护、学生工作考核与评价体系信息维护等。

（四）高校学生事务管理的使命

使命是一个组织尽力想要实现的最基本的任务和责任，它解释了组织形成和存在的根本目的、发展的基本任务以及完成任务的基本行为规范和原则。一般来讲，高校学生事务管理的使命就是通过引导学生、教育学生和服务学生来促进学生的发展与成长。与教学和课程学术影响有别，高校学生事务管理侧重为学生的成长和成才创设良好的氛围，促进学生在社会、职业、情感、道德、精神等方面的发展，从而服务于高校人才培养的使命。

高校学生事务管理的使命可分为两个层次：国家层面的宏观的高校学生事务管理使命与高校层面的具体的高校学生事务管理使命。对于不同的高校，其高校学生事务管理使命根源于该校的历史与环境，是在高校学生事务管理的实践中发展形成的。高校层面的具体的高校学生事务管理使命则通过与学生的联系、计划的执行以及管理者角色的塑造反映出来。

在我国，促进学生发展是新世纪高校学生事务管理的使命，其内涵主要包括发展学生的道德、发展学生的智力、发展学生的情商及提高学生的身体素质。在当前急遽变化的新时代，一个表述清楚的、以高校学生事务管理价值观为依据而形成的高校学生事务管理使命，能保证我国高校学生事务管理事业的繁荣发展。

四、高校学生事务管理模式

（一）高校学生事务管理模式的概念

模式是从理论知识与实践经验中经过抽象和升华，总结构建而成的核心知识体系，可将其视作一种学习或参照的“标准”，或者指导解决某种问题的方法论。模式的指导有利于对事物的活动规律进行更深入的探究，制订良好的方案计划，找出解决问题的最佳办法。

高校学生事务管理模式是一种以高等教育培养目标为方向，以实现学生全面发展为目的，教育主体为学生提供成长辅导、思想教育以及学习指导等方面的服务与管理的模式。这种模式在“发展观”“学生观”的导向下，参与至少一种与学生相关的工作或活动，并依据某种规则从内容与形式两个方面统一对学生事务进行管理。在时间上，以高校学生事务管理活动为依托的管理人员与组织机构在这种模式空间中呈现平行并列的关系，双方相互协作也相对独立；在构成因素上，高校学生事务管理的理念、结构、运行规则、目标、工作要素、评价反馈、运行方式等因素在该模式中实现了有机统一。

（二）高校学生事务管理模式的形成路径

事物的原型是形成模式的基础和来源，基于认识论的指导对事物形成抽象的认知就是模式，形成模式的路径主要有三种，如图 1–1 所示。

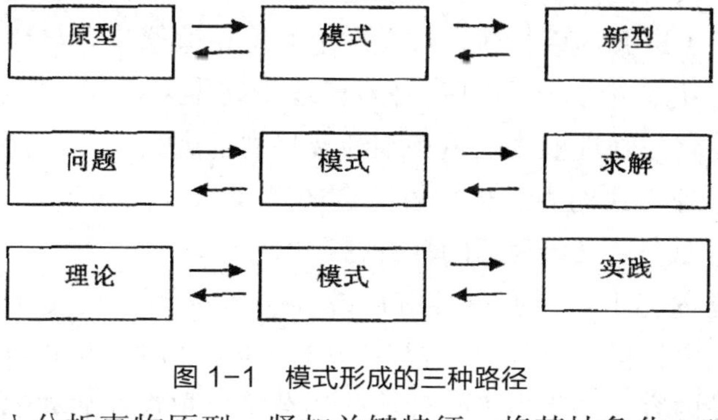

图 1–1　模式形成的三种路径

第一，深入分析事物原型，紧扣关键特征，将其抽象化，建立对应的认知模式，从而形成新的模式；第二，以问题为导向，为寻找解决方法构建相应的模式，不断改进调整形成模式；第三，以某种理论为基础，构建相应的模式，运用在实践中，通过实践检验的方式验证该模式①。

本研究以认知理论为基础，通过开展实证调研分析，建构了高校学生事务管理工作的动态化运行模式。基于认知理论的高校学生事务管理模式的形成路径如图1–2所示。

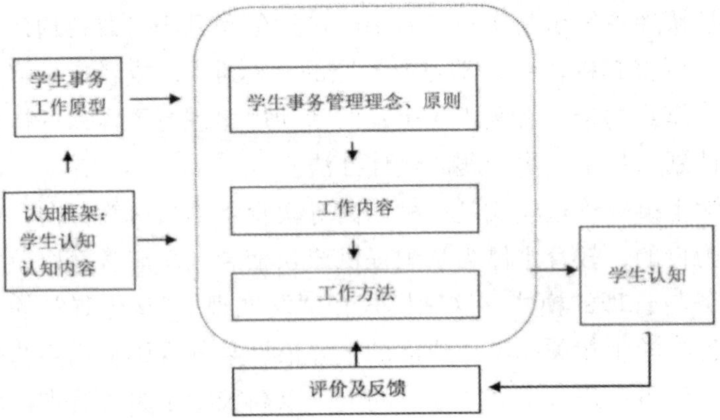

图1–2　基于认知理论的高校学生事务管理模式的形成路径

（三）我国高校学生事务管理模式的基本特点

1. 我国传统高校学生事务管理模式的基本特点

（1）其理念始终强调“知识本位”与“社会本位”的价值取向，重视德育教育。一直以来，在政治的影响下，我国高校学生事务管理模式形成了十分显著的政治领导特征，强调对学生进行德育教育，将高校学生事务管理模式的重点放在了道德约束方面，重视学生的思想道德建设与社会价值观的引导和培养，注重理论引导和同一化的管理。近年来，为满足社会发展的需要，高校学生事务管理模式的重点逐渐转移到了满足学生成长需求方面。高校学生事务管理模式的观念也随着社会的发展和时代的变革不断更新，“育人为本，德育为先”已成为新的教育指导思想。

（2）从其内容上看，我国传统高校学生事务管理模式素来以纪律、思想、政治为主要目标，管理方式相对陈旧。到了20世纪80年代，高校开始关注学生服务内容，学生事务管理从此逐渐从教学管理活动中脱离出来，各大高校随之快速推广设置了学生事务管理工作部门与机构，学生事务管理工作部门主要负责管理学生的考勤、纪律、奖惩、就业分配、宿舍管理等事

① 查有梁.论教育模式建构[J].教育研究，1997，18（6）：49-55.

务，其工作目的为加强学生群体的学风纪律建设、政治思想教育。

（3）从管理方式上看，其属于一种约束性的管理，强调严格管理和优质教育。高校为了深入到学生群体的生活与学习中，常委派专职人员以主动干预学生校园生活的方式开展学生事务管理工作及其他各项教育管理工作。学生管理人员不仅是管理者，还是教育者，承担对学生的教育、约束及奖惩等责任，通过建立合理的规范与标准，以思想道德教育的方式引导学生的共性化发展，对学生的生活与学习进行科学的管理。

2. 当前我国高校学生事务管理模式的基本特点

近几年来，高校扩招，完全学分制、网络文化及多元文化价值观对学校传统教育模式造成了冲击。全球化趋势下高校学生人本关怀与人文主义教育的相对滞后，知识经济时代高校学生创业面临的机遇和挑战，都是当前我国高校学生事务管理要解决的新问题。目前，我国高校学生事务管理模式逐渐呈现出新的特点。

在管理内容上，我国高校学生事务管理模式不仅涵盖了思想政治教育、学生日常管理、心理咨询指导服务等基本方面，更将创新教育和网络教育摆在了突出位置。在现代信息社会，计算机网络教育无疑是高校学生创新创业教育的助推剂。此外，高校教育还在往启发式的创新教育方面发展，着眼于提高教育质量，强化校园网络的应用与管理，为学生提供了更多的学习和思考的时间和空间，逐步培养了学生们的创新精神和创造能力。这样一来，高校学生事务管理模式就呈现出了网络化的特点，同时也说明其具有高度的主动权。

在管理方式上，我国高校学生事务管理模式初步实现了由“管理”到“指导、服务”的根本变化。随着当前高校学生事务管理的信息化，实践教育的形式越来越丰富多彩；而管理方式上的转变也让学生的自我教育和自我管理在实践中得到了充分体现。确切来说，学分制管理模式造就了高校学生团体性的组织活动，高校学生事务管理部门由原来严肃刻板的“管理者”角色向“指导者和服务者”角色的转变也是大势所趋。

在机构设置上，我国高校学生事务管理模式实行党委统一领导、党政分工合作的运行机制，也就是在高校党委领导下的校长责任制。这一运行机制的提出，改变了原来党政合一、共管的局面，为高校学生事务管理模式的发展提供了有力的体制保障。

第二节 高校学生事务管理的相关理论

一、学生发展理论

（一）学生发展的内涵

从历史起源角度上来讲，学生发展理论源自马克思人的发展理论。其具体观点为人的根本在于其本质的全面展开，也就是在人的发展中包含了全面发展与自由发展。而学生发展理论也正是在持续落实、发展马克思人的发展理论并不断实践的过程中，才逐渐诞生的。

高校教育在人的发展理论的基础上总结出了学生发展理论，这一点能够在我国高校政治教育“做人”的工作中体现出来。其实，在人的发展理论中，所有人在实现自己人生目标的过程中，都会面临着各种各样的挑战，只有这样才能得到更好的成长，并最终实现个人的独立。

在罗杰斯看来，学生发展是指学生能不断地进步、成长和成才，在高校环境中得以提升个体多方面的能力和综合素质的方式；他认为，为了使学生发展的目标进一步得到实现，高校需要高度重视人的全面发展和学生事务管理者对相关理论的合理运用。而在皮恩斯、米勒看来，将人的发展理论作为主旨，在外在条件的刺激下得到持续的发展壮大，属于一种以学生自我发展的外延部分为基础的，对学生发展理论的拓展。

从构成基础的角度上来讲，学生发展理论是一种以心理学与社会科学为基础的，在高校学生事务管理中借助环境影响理论以及人类发展理论来揭示群体与个体的变化及原因的手段。

此外，还可以从发展环境、认知观念的层面上对学生发展理论进行概括。

从发展环境的层面上来看，学校环境对学生发展发挥着非常显著的影响。不管是学生活动、生活设施以及校园环境等这些外在方面，还是校园文化、学习氛围、治学理念以及办学宗旨等内在方面，都对学生的发展起到了潜移默化的影响。

从认知观念的层面上来看，学生发展理论是对身为独立个体的高校学生，在智力发展、身体发展、心理发展、道德情感发展、社会发展等方面能力的锻炼与提升。

综上，学生发展的内涵是指将人的发展原则贯彻于高校环境下的学生个体与群体中，它既是高校学生事务管理领域存在的原因又是高等教育人才培养的目标。

（二）学生发展的理论基础

1. 哲学基础——树立学生发展的社会目标

上文提到，学生发展理论起源于马克思的人的发展理论。将学生发展贯彻于高校学生事务管理的主要目的在于推动学生的全面发展，使其更加符合社会对人才的需求；这一点非常符合马克思主义哲学人的全面发展理论、人的主体性理论以及人的本质理论中的观念。

首先，在马克思看来，“人的本质不是单个人所固有的抽象物，在其现实性上，它是一切社会关系的总和。”① 在马克思主义人的本质观点中能够发现人类与动物的本质区别在于人类具备社会属性。唯有在社会里才可以将人类所独有的意识、语言以及劳动等属性展现出来，从而让人类具备社会属性。从我国现阶段的国情出发，改革开放已经步入了深水区与攻坚时期，在这种社会背景下，人的本质表现出了一定的矛盾化与复杂性，但这并不能动摇社会主义下的人的本质属性。因此，学生发展的最终目标是在马克思主义的人的本质属性上建立的。

其次，马克思主义哲学理论认为，人类身为活动主体，在社会活动中具备创造性与能动性。所以，学生发展理论的要求便是使学生的个体功能得到充分发挥，坚持学生的主体地位，引导其更好地处理社会关系以及人际关系。此外，习近平总书记在全国高校思想政治工作会议中也提到了相关内容，即：做好高校思想政治工作需要遵循三方面的规律，学生成长发展的规律便是其中一个。高校学生事务管理中涉及思想政治教育工作时，需要牢牢把握住学生们的了解情况，这将在帮助其解决问题、引导其更好地发展方面起到很大的积极作用。

最后，马克思在 1848 年发布的《共产党宣言》中提到了一点，每个人的自由发展是一切人的自由发展的条件。人的全面发展理论为我国高等教育最终目标的制定提供了理论基础。基于学生发展理论的高校学生事务管理将

①王让新. 新世界观的创立与哲学史的伟大变革：马克思《关于费尔巴哈的提纲》研究 [M]. 成都：电子科技大学出版社，2015：157.

“以生为本”作为工作的根本原则，便是吸收和借鉴了马克思主义的人全面发展理论，注重学生在精神、身体以及智力等方面的发展，致力将学生培养为具备多方面能力的人。

2. 心理学发展理论——关注学生发展的内容层次

最早研究人的一生发展的心理学家是埃里克森，他提出了人生发展八阶段理论。埃里克森在这个理论里阐述了与之前的心理学家们不同的观点，在他看来，个体在发展中逐渐形成了人格，它是由社会的、心理的以及生物的三方面因素构成的统一体。且各个发展阶段都有着其自身的发展目标，这类目标产生于社会预期的冲突、社会文化影响与个体的学习。倘若个体未能很好地完成某一阶段的任务，也可借助一定的教育途径在之后的阶段中进行补偿。每个发展阶段都会遇到不一样的挑战。在埃里克森看来，外部环境能够对个体在处理其不同阶段的发展问题时起到一定的作用，同时应注意社会文化准则以及价值观对个体身份认同发展的影响。

虽然在埃里克森的观点中没有将高校生所面临的发展问题明确指出，但他提出的人格发展过程中的不同挑战象征着环境和个体之间的互动，同时也为学生发展理论的相关研究打下了坚实的基础。学生发展理论的主要内容便是在充分重视学生个体人格发展的基础上，引导学生在智力、生理发展方面和社会需要之间形成良好的互动。从本质上来看，发展并非在偶然间产生的，而是存在着一定的内在逻辑。而学生的发展同样也是在其进步、成长以及提升各项能力的过程中按照着成长规律，按部就班地进行的。高校学生事务管理的主要目的便是使学生由校园阶段的发展完美过渡到社会阶段的发展中。从高校由精英化教育转变为大众化教育以及终身教育理念的持续深入中能够发现，高校的育人工作对人生发展八阶段理论进行了很大程度上的借鉴。

奇克林以人生发展八阶段理论为研究的基础内容，将十几所院校的本科生研究数据进行了整合，并在研究中融入了智力、情感以及社会等条件，从而得出了大学生心理发展向量理论，这一理论的提出也使学生发展理论的研究地位得到了进一步的明确。1969 年至 1993 年这段时间中，奇克林始终坚持研究大学生心理发展向量理论，最后探索出了该理论中的七个变量，分别囊括了情感、社会以及智能发展等诸多方面。

在奇克林提出的大学生心理发展向量理论中，明确指出了高校生所面临的问题，并对促进学生发展、规划高校环境方面提出了建议，这为教育者更好地开展育人工作提供了很大的帮助。他的“七个发展向量”详细地阐述了高校教育环境对学生发展所起到的巨大作用，如高校学生社团组织、一站式学生事务中心、丰富的学生社区等都对高校生的发展产生了一定的影响。

在对学生们的反应与需求进行思考与研究的过程中，心理学专家与学者将学生个体的发展作为了考量标准的重点。通过心理发展理论的引导，高校学生事务管理可以更好地预判出学生在智力与生理发展的各个阶段中可能会面临的各种阻碍与挫折，从而开展针对性的教育实践活动，让学生发展这一理念的内容变得更加充实。

3. 认知结构理论——关注学生发展的过程模块

此理论的探究主题在于人们怎样对自身体验进行阐述，以及怎样对所接触到的理论进行理解与吸收。认知结构需要经历以下几个发展阶段：个体做出最初决定或阐释体验，采纳简单假设，然后逐渐把自己的理解赋予某些复杂的理论原则之上。每当人们具备了新的观察视角以及遇到新的认知冲突时，其认知结构便会遵循这种从简单到复杂的层级发展。

从认知结构理论的角度来看，发展是一个持续的过程，而最优的选择就存在于这个过程。该观点与社会心理理论研究一致，但不一样的一点在于认知结构理论主要围绕道德发展与智力发展方面进行研究，而社会心理理论则是围绕人格与社会能力发展来进行研究。

威廉·佩里是较早研究高校学生认知发展规律的心理学家，他对高校学生认知发展的相关研究具有一定的参考价值。佩里在皮亚杰认知结构理论的基础上，对高校学生的认知发展进行了实证研究，形成了自己关于高校学生认知发展的理论。他将学生的认知发展分成三种水平、九个阶段。

（1）第一种水平：二元性思维模式。二元性思维模式是指用二元论的视角看待问题，即对与错、黑与白、好与坏等，不确定性是不被接受的。第一个阶段是基础二元性，学生看待世界的方式是二元性的。当高校学生面对课堂和宿舍生活时，其认知发展遇到了挑战，于是就向第二个阶段过渡，学生仍然以二元性的观点看待世界，但是他们已经感受到了多样性的存在，尽管这种转变是非常小的。第三个阶段是多样性思维的早期阶段，在这个阶段，学生仍然认为只有一个正确答案，但知识是未知的，需要进一步去发现。

（2）第二种水平：相对主义思维模式。相对主义思维模式下，学生绝对的对错的观点已经改变，明白了对对错的论述只有在某种特定的环境中才是有效的。第四个阶段是多样性的高级阶段，知识在普遍意义上是不确定的，每种观点都有其独特的价值，每个人都有权利表达自己的权威观点。第五个阶段是相对主义阶段，整个世界被看作是相对的，这种阶段超越了前一个价值，知识主要以论据和支持观点为基础，根据具体的背景来定义。在这一阶段，教师主要负责帮助学生发展推理能力。第六个阶段是承诺预见，走出相对主义和不确定性的途径是做出承诺，承诺预见只是学生感觉到承诺的需要，但是还没有成熟的决定。成熟的决定需要学生用相对主义的思维方式来看待世界，并在预见所有可能性的基础上才能做出。

（3）第三种水平：承诺。

承诺是一个涉及个体道德发展的过程，是一个由低水平向高水平发展的过程。佩里将承诺又分成三个阶段。第七个阶段体现为对自我的认可和同一性的建立；第八个阶段主要是对自我职业发展和风格的确认；第九个阶段是成熟的阶段，在这个阶段，学生建立起与自己个人目标一致的生活方式和风格。

（三）学生发展的教育观

1. 全面发展

马克思在《1844 年经济哲学手稿》中说道："人以一种全面的方式，也就是说，作为一个完善的人，占有自己的全面本质。"而"人的本质并不是单个人所固有的抽象物，在其现实基础上，它是一切社会关系的总和"① 。它包括三点内容，一是人作为自然存在物，其本质是自由自觉的感性活动；二是人作为社会存在物，其本质在现实性上是一切社会关系的总和；三是人作为完整的个体，其本质是自然因素、社会因素和精神因素的统一体。由此，我们得出人的全面发展的内涵包括以下三个层面：

第一，人的活动的全面发展。人是感性活动的人，人的全面发展其实就是人的感性活动或者说实践活动的全面发展。活动的全面发展表现为活动的内容和形式充分达到丰富性、完整性和可变动性，而不是社会活动的贫乏化、片面化和固定化。第二，人的社会关系的全面丰富。社会关系的全面性意味着个人与他人不仅作为群体中的某一成员，还作为个人与他人发生关系，人们之间的各种关系全面生成，由贫乏变得丰富，由封闭变得开放，由片面变得全面，并且得以协调和谐发展。第三，人的素质的全面提高和个性

① 中共中央马克思恩格斯列宁斯大林著作编译局．第一卷 [M]. 北京：人民出版社，2009：501.

的自由发展。人的素质的全面提高，表现为人的身体素质、心理素质的发展和完善，以及两者之间的均衡协调发展。人的个性的自由发展表现为个人主体性水平的全面提高，以及个人独特性的增加和丰富。

在我国，高校学生事务管理既是全面实现高校人才培养目标的保障，也是高校对学生实施教育的一个组成部分。高校学生事务管理机构应当自觉坚持贯彻全面发展的教育理念，将学生的全面发展作为教育管理的主要任务和目标。

从当前我国教育的大环境以及高等教育的实际出发，高校学生事务管理坚持全面发展教育理念，需要正确处理以下几方面的问题：（1）正确理解全面发展教育观的内涵。基于马克思的全面发展理论，全面发展教育观首先要确立学生在教育过程中的主体地位；其次要保证良好的教育环境，包括校园环境和师资队伍。（2）正确处理好学生事务管理与学术事务管理之间的关系。防止出现片面的专业教育观，找到专业教育与全面发展教育的契合点。根据这样的思路，高校学生事务管理要在传统的学习目的、培养目标的教育管理活动中，引进新的教育内涵和教育理念，树立全面发展的教育观，引导学生正确认识和处理自身综合素质全面发展与专业学习的关系，以学生事务促进学术事务的发展。（3）正确处理高校学生事务管理中各方面内容之间的关系。高校学生事务管理的内容有很多，要根据学生的不同特点、不同阶段、不同目标有针对性地进行。

2. 素质教育

素质教育是指从培养有理想、有道德、有文化、有纪律的社会主义接班人出发，以全面培养受教育者高尚的道德情操、丰富的科学文化知识、良好的身体素质和心理素质、较强的实践动手能力，以及健康的个性为宗旨，让学生学会做人、学会劳动、学会健体、学会审美，使学生在德、智、体、美等方面得到全面协调发展的教育方针和教育活动。

高校学生事务管理在全面推进素质教育中，将发挥不可替代的重要作用，主要包括以下几个方面：（1）思想道德素质教育。培养学生热爱祖国，努力学习马克思列宁主义、毛泽东思想等重要思想，拥护党的领导和党的基本路线，牢固树立科学的世界观、人生观、价值观，坚持与实践相结合、与工农相结合的道路，树立为人民服务的思想，具备艰苦奋斗的精神和强烈的使命感、责任感，自觉遵纪守法，具有良好的道德品质。（2）业务素质教育。教育学生树立良好的学风，勤奋学习，刻苦钻研，努力实践，勇于创新，掌握现代科学文化知识。激发学生的独立思考和创新意识，培养学生的科学精神和创新思维，培养学生的语言文字表达能力和社会活动能力，培养学生的实践能力和创业精神。（3）身体素质和心理素质教育。培养学生的竞争意识、合作精神和坚强毅力，培养学生的独立人格和健康心理，养成坚持锻炼身体的良好习惯。（4）文化素质教育。完善学生的知识结构，提高学生的人文素养，增强学生的美感体验，培养学生欣赏美和创造美的能力。

3. 和谐发展

所谓和谐发展，是指人类在物种平等思想指导下，自觉汲取大自然的生存和发展智慧，使组成生态系统的各子系统之间与各子系统内部，以及不同部分之间良性互动，协调共进，从而使生态系统不断优化，为未来进一步发展积蓄能量。和谐是从静态空间意义上来讲的，主要包括三个方面：一是构成各子系统的诸要素自身的和谐，二是子系统内部要素之间的和谐，三是各个子系统之间的和谐。而发展是从动态时间意义上来说的，也包括三个方面：一是构成各子系统的诸要素自身的发展，二是子系统内部要素之间的发展，三是各个子系统之间的发展。空间意义上的和谐与时间意义上的发展会带来整个社会的和谐发展。

高校学生事务管理在促进学生和谐发展上应注意以下两点：一是关注学生健全人格的培养。面对瞬息万变、多元价值并存的市场经济社会，学生面临的竞争压力越来越大。如果只重视学生的知识学习而忽略他们健全人格的培养，他们就不能建立一个健全强大的自我系统，不能形成对自我的正确认识与定位，难免会在诸多的选择关口失去方向、失去自我、身心失衡。因此，学校教育要关注学生健全人格的培养，关注他们的心理成长，并将其放在与学科教学同等重要的位置，“成人”教育要与“成才”教育并举。还要在日常学习和生活的实践中，通过成功教育培养他们的能力感、责任感和独立性，在爱与尊重的体验教育中培养其价值感、自尊，使其学会自我肯定，并养成对自己选择和行为负责的态度与习惯。二是重视学生与社会之间的和谐互动。高等教育培养的人才肩负着社会主义建设的重任，是推动社会发展的重要动力。高校学生应成为社会风气的引领者，而不应随波逐流，贪图眼前享受。因此，学校教育应当重视学生“诚信”“公正”等道德理念和行为方式的养成，培养他们基本的道德意识、道德自省能力、道德判断能力，让他们了解哪些事情是可以做的，哪些事情是不可以做的，养成对自我行为负责的意识和习惯，具有一定的自我管理能力。

二、校园环境理论

校园环境主要包含了：学生群体、教师团队、人文环境、物理环境以及其他的工作人员。校园环境理论对理解环境在学生发展过程中的促进作用以及校园环境和学生的互动作用有很大的帮助。高等教育的教学效果主要取决于校园环境，校园环境不仅取决于学生群体所具备的素质，还涉及学生对校园的满意程度。精心设计后的校园环境既可以使学生的学习过程得到强化，又能够对学生的全面发展起到积极的促进作用。在校园环境的体系中，制度、行为以及物质属于外在形式，而校园精神文化则是校园环境的灵魂所在，它对校园文化模式起着决定性的作用。就像维尔克所说的那样："它可能对明确的行为模式并没有一个事先规定的规则，但组织中的人可能很快学会遵从这一未见之于文字的规则，在某种程度上，这种行为模式已在组织内无所不在。组织也因此与其他组织有明显不同，其成员对它有一种明确的认同，并形成明确的风气或感觉。"① 校园环境理论包含着个人—环境互动理论、隐性教育理论以及结构—组织模式理论。

（一）个人—环境互动理论

该理论详细描述了校园环境与个体学生的交互作用，以及在这种作用下学生的发展和成长趋势。它主要从学生所处的文化环境以及所受的物理因素的影响这两个方面，解释了校园环境对学生发展产生的具体影响。该理论为我们揭示了学生发展与其所处环境变化的关系，创造了一个良好的观察视角来帮助我们研究这种关系，并为我们提供了一系列可靠工具，帮助我们区分校园环境因素以及学生出身、背景等因素，辅助我们对学生发展过程进行专业的分析和考察。该理论还强调，校园环境与学生的互动对学生的发展起到了促进的作用。如果高校学生事务管理工作者对该理论有了一定的了解，就能够创造出有利于学生发展与进步的环境，并且能够结合学生的实际情况为其设计相应的学习发展规划，同时还能使用合适的方式或工具采集评估效果。由这一理论形成的代表性成果有：布朗芬布伦纳创建的"人类发展生态学"模型和阿斯汀创建的"输入—环境—输出"模型。

---

① 马金，库帕，考克斯．组织和心理契约：对工作人员的管理 [M]. 王新超，译．北京：北京大学出版社，2000：274.

阿斯汀在其“输入—环境—输出”模型中明确了一点，即：高等教育中的“输出”源于“环境”（社会交往与学校所营造的学术氛围等）和“输入”（学生的经历与特征）之间的相互作用。对研究者来说，该模型可以使学校环境因素在学生的背景特点中独立出来，使研究者能够对不同因素对学生成才、成长产生的影响开展进一步研究①。与此同时，这个模型还能够帮助高校了解并明确在学校范围内影响学生养成社区服务的参与能力与批判性思维能力的因素②。此外，阿斯汀还做出了另一个重要的贡献，那便是提出了学生参与理论。在这个理论中他提到了一点，即：学生在有意义的活动中付出的精力与时间越多，取得的收获也就越大，该理论对高校学生事务管理工作产生了重要影响。高校学生事务管理应为全体学生提供学习、参与的机会，鼓励学生参加各种科研活动，建立各种学生组织，提高学生的领导能力等。在学生情况变得越来越复杂的形势下，为学生创造参与活动的机会也变得越来越困难；这也为高校学生事务管理人员将学生参与理论融入具体实践活动带来了一定的挑战。尽管存在着这样的情况，但掌握、理解学生参与理论，依旧是做好管理服务工作的前提条件与高校学生事务管理人员的基础要求③。

布朗芬布伦纳是从生态学的层面上来开展研究的，在他看来，以传统角度来分析人类的发展会受到一定的限制。在成长过程中，个体及其所处的环境之间的彼此认同与调适是他最关注的一点。尽管个人和环境之间的互动对人类发展所起到的促进作用已经得到了广泛认可，但是在心理学领域中还是将个人的研究作为主要内容，缺乏环境及其影响力方面的研究④。环境被看作一种静态结构而非交互式的开发过程，这种看法不仅忽略了环境的作用，还忽略了组织变革与个体选择的动态稳定性。人既是环境影响的承受者，又是环境的改变者。从生态学的角度出发将帮助我们对学生个体的发展与校园环境的关联性进行再次思考。

---

① 魏署光，陈敏，张俊超，等．“本科生学习与发展调查”的理论基础，问卷框架及信效度：基于华中科技大学的实践 [J]. 高等工程教育研究，2015（3）：114-120.

② 储祖旺．高校学生事务管理教程 [M]．北京：科学出版社，2009：52.

③ 仁．学生发展理论在高校学生事务管理中的应用：美国学生发展理论简介 [J]. 李康，译．高等教育研究，2008，29（3）：19-27.

④ 阿尔巴赫，伯巴尔，冈普奥特 .21 世纪美国高等教育：社会、政治、经济的挑战 [M]. 北京：北京师范大学出版社，2005：297.

（二）隐性教育理论

学校安排的有组织的教学课程称为显性教育。隐性教育与显性教育相对，是内隐于学校情境中的教育，并不包括在正式课程中，具有非预期性和非计划性，它能够在一些具有教育性质的情境中对学生进行定向的引导，使学生潜移默化地实现全面发展，为学生身心的健康发展提供保障。隐性教育可以根据其本身的课程形态与对学生造成影响的不同方式来进行划分，大致有五类：

第一，物质性隐性教育。高校校园内的生态环境、校内建筑等都可作为校园文化传播的物质载体。高校领导及教育者为了尽可能地满足学生的成长需要，往往会结合预期的教育目标，精心地设计和建设校内的各项建筑，营造出良好的校园文化氛围，对学生的生活、学习以及思想、行为产生潜移默化的影响。

第二，行为性隐性教育。学校的领导及教师将社会实践活动、科技文化活动等学校组织开展的各项行为类活动作为行动载体，展现他们良好的工作作风，可以对学生的行为起到隐性的教育和引导作用，其自身的道德原则和行为准则，以及自身的情感、习惯、信念等，都可以间接、隐性地对学生产生引导和教育的作用。在这种行为性隐性教育的影响下，在良好的校园风气、校园文化的熏陶下，可以使学生逐渐养成良好的思想道德行为准则。

第三，制度性隐性教育。制度性隐性教育以校园纪律、规章制度、奖惩规定为基础，开展学习、宣传、督查与彻查活动，培养学生形成正确的法律观念，自觉地对自身的行为进行约束，以实现生活与教学秩序的有效形成。制度性隐性教育可以很好地约束及矫正学生的行为习惯，形成良好的教育氛围。

第四，精神性隐性教育。高校对学生的教育不只有以日常教育教学为主的知识文化教育，还有深层的精神性隐性教育。高校的教育能够深入影响学生的价值取向、精神思想以及人生信念，不仅如此，高校的这种精神性的隐性教育反过来也影响着学校的教学方式和办学方向，校内的教育活动基本都在其影响下开展和进行。这种精神性教育的渗透性极强，在校园建设的各个层面、各种类型的因素中都有这种思想精神的渗透，它流淌、弥散在师生的生活、学习与工作中。在这样浓厚的精神氛围中，师生的个性均得到了长久发展。

第五，课延性隐性教育。按照杜威的教育思想，学生在取得学习结果的同时，也获得了理念、情感、意志、兴趣、动机等因素，这些因素都是课程设计者预期之外的效果①。

隐性教育的本质特征有以下三点：

第一，教育方式具有濡染性、渗透性以及潜在性。隐性教育依靠对参与者的濡染、渗透来达到教育目的，因此这种教育的效果是间接的。在这一过程中，教育主体不能直接将教育的目的、内容向教育对象说明，只能借助各种载体或开展活动，使学生在接受和传递载体或者参与活动的过程中，发现并学习其中蕴含的教育内涵。例如，一名学生经常参加辩论赛、演讲赛等活动时，就会在无意中被这种“氛围”影响和引导，使自身的素质不断得到提高；这时，教育的目的就达到了。

第二，教育内容具有素质性和非智能性。从教育内容上来看，隐性教育不同于学科教育，前者重视培养学生形成良好的思想道德素质，而后者的主要目的是使学生形成一定的认知能力，掌握一定的知识和技能。学科教育对学生的综合素质培养和思想情感教育方面并没有进行更进一步的开拓和发展，缺乏对学生实践能力和人际交往能力的培养。为了承担起这份重任，隐性教育就需要着手于学生的兴趣、性格、情感、意识等方面，使学生的情感更加丰富，性格更为立体，综合能力、专业应用能力等日益提升，成为高质量人才，为其快速步入社会和适应社会发展奠定基础。

第三，教育主体具备能动性与自主性。通常情况下，学生的主体性容易在学科教学中受到抑制，难以显现出来。而隐性教育则完全不同，这种教育主要是在教师少参与、少指导，甚至是不参与、不指导的情况下进行的，这使得学生能够自己决定、组织想要参加的活动；对学生而言，这是一种自我服务、自我管理、自主学习的主体性活动②。

从隐性教育的结构构成上看，校园环境不仅是其重要的组成成分，更是其传播的成熟的载体，对学生价值观、情感与思想的形成，有着潜移默化的影响。良好的校园文化环境可以对受教育者造成深刻的影响，可以向学生的心理结构中注入多种具有社会性质的心理因素，帮助其逐渐形成良好的心理素质，在无形中陶冶学生的思想行为和道德情操。依据高校的发展方向，学

① 王杨．美国大学通识教育中的隐性教育及启示 [D]. 长春：东北师范大学，2008：8.

② 贾克水，朱建平，张如山．隐性教育概念界定及本质特征 [J]. 教育研究，2000（8）：37-42.

生事务管理人员可以利用学生的课余时间，组织开展非预期、非计划的教育活动，以隐性教育的方式来激发高校学生对文化知识的学习兴趣，培养学生用创造性的思维看待和思考问题，促进学生身心健康成长，使学生的综合素质得以提升，实现学生的全面发展。将隐性教育与显性教育有机结合，更有利于实现高质量、高素质人才的培养目标。

（三）结构——组织模式理论

校园环境在这个理论体系中具有较强的组织性与目的性，它的结构会对学生的态度与行为产生一定程度的影响。其中，那些复杂的组织类型往往会展现出有组织、统一、连续的环境，具备着静态特点与动态特点，会对学生的积极性产生影响。具备组织性的动态环境通常会展现出低效率、低分层、低形式化、低集中度以及高复杂度的结构特点，并非常看重服务与产品的质量水平。结构化的组织模式对理解典型环境的目标非常重视，支持担任某一职位的人积极承担其角色应尽的职责，从而产生一定的结构。

高校的教育环境具备一定的发展性，能够将鼓励实践、强调人际交往、尊重个体差异等动态环境下的组织特征展现出来。高校中的宿舍、学生团体、院系、教室等方面无一不展现着组织系统的特征，这种特征会在一定程度上影响高校学生的情绪与行为。高校的组织规模对高校学生的人际交往范围提出了更高的要求，其中包含了参与者对教育实践的满意度、信心以及兴趣感。对此，高校的相关部门、管理人员应该自觉承担责任，履行相应的义务，不断提升环境适应能力，更好地满足学生在发展方面的需求。校园环境理论是教育生态学及其相关理论在高校学生事务管理过程中的体现，它注重借助文化环境、实践空间以及教师、同学的影响等方式来培养学生的个性。而以发展为目标的高校学生事务管理可以凭借对周边环境进行精心设计，帮助学生提升自身的实践能力。高校学生事务管理人员需要引导学生对实验室、图书馆等现有的学校资源进行充分利用，同时积极参加社区的各项教育活动，并选择合理、高效的学习方法；以校园的文化、制度等来影响学生，使其逐渐实现全面发展。

三、人本主义管理理论

（一）人本主义的基本理论

“以人为本”的人本主义理论在东西方都有着悠久的历史。在我国，人本主义理论根植于传统文化的土壤，其内容博大精深，包含着对宇宙、自然、社会和人生的多层面、多角度的凝视和解读，形成了诸子百家的交织、碰撞和辉映。早在2000多年前，《管子·霸言》中就有“夫霸王之所始也，以人为本”的观点。以人为本还体现在中国传统的管理哲学中，主要强调人的心灵解放，尊重人、爱护人、关心人，重视人的价值。

西方管理学在相当长的一段时间里，有重物不重人的倾向。许多西方的管理者把人看成是“机械人”“经济人”，把人当作了一种与物同样的因素，是物及其制度的配套物。泰勒的科学管理理论将人置于大生产过程中，处于从属地位，此理论在管理史中曾盛极一时。但是此后，梅奥的霍桑实验证明行为和情绪密切相关，员工的积极性直接影响着生产效率，而员工的积极性又取决于家庭、社会生活以及企业中人与人的关系，因此逐渐产生了“以人为导向”的管理思想，这是管理史上第一次明确了人在管理中的重要地位。在梅奥眼里，人本管理不是局限于技术和经济的管理，管理者与被管理者之间关系的调整也是非常必要的。在以后形成的行为科学中，则始终把人放在管理工作的重要位置乃至中心位置上。

自20世纪80年代以来，西方管理发展的趋势与潮流是人本管理，实现了从重视“硬管理”到重视“软管理”的转变、从“手段人”到“目的人”的转变、从强调理性到重视情感的转变。在管理实践中就是关注员工个人发展，改善劳动制度，加强感情投资，培养职工的合作精神，注重领导方式的灵活性。越来越多的西方企业采用职工在职进修制、轮换制、弹性工作制、岗位分担制、非连续工作制、“内企业”制、参与决策制，等等，这些制度都是其具体的表现形式。

东西方人本主义理论的区别在于，西方人本主义的核心是“个体”，突出自我设计、自我发展、自我实现；而东方人本主义的核心是“集体”，以和为本，群策群力，共图大业。正如苏东水教授指出的那样：“我们认为，‘以人为本’是以现实人为本，不是以个人为本，而是以社会为本位的‘以人为本’，是以广大人民群众根本利益为本。”①

（二）人本主义管理理论与高校学生事务管理

对高校学生事务管理来说，落实人本主义理念就需要在观念上做到以学生为本，在管理上以柔性管理为主要方式。

以学生为本作为一种学生管理的价值取向和思维方式，是对学生主体作用与地位的肯定。它强调尊重学生、解放学生、依靠学生，为了学生和塑造学生；它要求在分析、思考和解决问题时，既要坚持运用历史的尺度，又要确立人的尺度；既要关注学生的日常生活世界，又要关注学生的思想发展；既要关注学生的共性与个性、普遍性与特殊性，又要培养学生的自主意识，包括自主的权利意识和自主的责任意识。在高校学生事务管理的全过程中，要把维护每一个学生的现实利益和长远利益作为评价和衡量高校一切活动、一切方针政策的出发点、落脚点和根本标准。

以人为本的高校学生事务管理强调学生是社会性与个体性的统一，尊重学生的个体性。以人为本的高校学生事务管理尊重理性，认为只要学生所确定的目标合理，所选择的行为手段规范，学校就应尊重学生的个体理性，使其能够自主地为自己确定目标，并为实现这些目标而选择合适的手段。

以人为本的高校学生事务管理在管理过程中体现了因材施教的原则。以人为本的高校学生事务管理认为，学生的个体差异是客观存在的，是不以管理者的意志为转移的，管理者应重视学生的差异，从学生实际出发，实行分层管理、因材施教的制度，使管理真正面向全体学生，增强高校学生事务管理的针对性和实效性。

在管理的具体层面上，以人为本的高校学生事务管理较传统的高校学生事务管理更符合现代管理的要求。从管理方式上看，以人为本的高校学生事务管理方式是共同协商性的。从决策方式上看，传统的决策方式是自上而下的，而以人为本的高校学生事务管理方式既有自上而下式的，也有自下而上式的。从组织文化方面看，传统的高校学生事务管理的组织文化是权威型的文化，而以人为本的高校学生事务管理的组织文化是民主、平等、合作的文化。从组织结构上看，传统的高校学生事务管理的组织结构是科层制直线式

① 苏东水．东方管理学说的创新与实践 [J]. 广西经济管理干部学院学报，2014，26（1）：102-104.

结构，而以人为本的高校学生事务管理的组织结构是网络化扁平式结构。从信息沟通方式来看，传统的信息沟通方式是自上而下的单向式沟通，组织成员独享信息，而以人为本的高校学生事务管理的信息沟通方式是网络化辐射性的沟通，组织成员共享信息。从所处的环境状态上看，传统的高校学生事务管理的环境状态是封闭性的，而以人为本的高校学生事务管理的环境状态是开放性的。

四、科层组织理论

（一）科层组织理论概述

在组织理论的研究中，马克斯·韦伯的科层组织理论是一座丰碑。韦伯是德国著名的社会学家，他的管理理论研究主要集中在组织理论方面，主要贡献是提出了理想的行政组织体系理论。在他的代表作《社会组织和经济组织理论》一书中，提出了完全按照理性建立起来的理想化的、高效率的组织模式概念。韦伯认为：科层制是一种严密的、合理的社会组织，它具有熟练的专业活动、明确的权责划分、严格执行的规章制度，以及金字塔式的等级服从关系等特征。科层制“是对人实现强制控制的最合理的已知手段”[①]。这一理论的核心观点是组织活动要通过职务或职位而不是个人或世袭地位来管理。

韦伯认为科层制是现代社会最有效、最合理的组织形式，它具有以下特点：（1）明确的分工。即每个职位的权利和义务都有明确规定，人员按职业专业化进行分工。（2）自上而下的等级系统。组织内的各个职位，按照等级原则进行法定安排，形成自上而下的等级系统。（3）人员任用。组织中的人员根据职务上的要求，通过正式考试或教育培训来任用。（4）管理人员职业化。管理人员成为一种职业，领取固定的薪金，有明文规定的升迁制度。（5）遵守规则和纪律。管理人员必须遵守组织中规定的规则和纪律以及办事程序。（6）组织中人员之间的关系。组织中人员之间的关系不受个人情感的影响，只是一种职位的关系。

韦伯认为这种理想的行政组织体系是最符合合理性原则的、效率最高的，它在精确性、稳定性、纪律性和可靠性方面都优于其他组织形式，这种高度结构化的、正式的、非人格化的行政组织体系适用于所有管理工作，是最好

① 乔佩科．论科层制在我国高校内部管理中的运用 [J]. 辽宁教育研究 ,2008(2):50-52.

的组织形式。韦伯的理论对后来的管理学者，特别是组织理论学家有很大的影响，他被后人称为“组织理论之父”。

（二）科层组织理论与高校学生事务管理

按照韦伯的观点，在组织机构规模扩大、人员增加到一定程度时，需要进行专业分工，建立规范的制度，明确权责，组织严谨的科层制由此建立。科层制保证了组织的稳定性与高效率，当前我国的高校学生事务管理就可从中寻求借鉴。近年来，高校学生规模不断扩大，高校学生群体呈现出越来越多的异质性特点，学生事务包含的内容越来越广泛，不仅涉及以往的注册、学籍管理、思想政治教育，还包括学生的心理辅导、就业指导、奖助学金管理、法治教育等；这些都意味着高校学生事务管理不仅需要进一步加强和完善，还需要建立完整、高效、专业的管理体系。

高校学生事务管理建立完整的科层制度需要在以下几个方面努力：（1）建立专业化的组织队伍。根据事务管理岗位的要求，聘用具有教育学、心理学、管理学等相关专业背景的高学历人才充实管理人员队伍，明确成员的工作关系和相应的权利与义务。（2）建立严谨的组织机制和等级系统。组织内的成员在明确职责的基础上，形成有序的上下级管理体系。（3）明确组织的规则、纪律及成员的分工。在组织内应以公开、透明、合理的方式清晰地规定不同岗位人员的工作范围和职责，相应的薪酬，以及应遵守的规则、纪律、办事程序等。

五、结构 – 功能主义理论

（一）结构 – 功能主义的基本理论

结构 – 功能主义是现代西方社会学中的一个重要理论流派，最早发源于19 世纪的英法两国。英法两国的许多古典社会学家（如孔德、斯宾塞和杜尔克姆）和 20 世纪两位人类学家（马林诺夫斯基和布朗）等人都对现代结构 – 功能主义的形成起了重要作用。孔德和斯宾塞认为社会中的个人、团体和制度对整个社会的作用类似于生物器官对有机生命的作用。杜尔克姆更进一步指出任何社会学解释都应该首先指出某现象出现的原因，然后还要指出它的功能。这些早期的功能主义思想通过马林诺夫斯基和布朗的努力得到了进一步的发展。

功能学说在早期的人类学领域主要是针对进化论、传播论和历史论等思想而产生的，受杜尔克姆的影响，人类学家认为了解文化特质的功能是研究社会的必备工作。布朗的功能论强调整合是社会生存的必备条件，所以社会里的结构与组织都是为此而存在、运动的，经济结构、宗教仪式和亲属家族组织都是为社会整合而存在的。马林诺夫斯基对功能论的形成也起到了关键作用，他认为社会制度之起源乃是人们为了满足生理需求，而且每一种风俗、概念、物质、思想、信仰都具有很重要的功能，是社会整体不可或缺的一部分。马林诺夫斯基的四种需求体系为：生理的、心理的、社会的、文化的，这四种需求的概念在帕森斯的行动理论中得到了重视。

总体来说，结构－功能主义强调社会秩序和稳定，认为社会如同生物有机体一样是由相互联系的结构（或机构）组成的，运用系统、目标、隐性功能、显性功能、结构（或机构）、规范、价值、文化规则、社会和谐等概念体系，来分析组成社会的各个结构是如何有效地发挥自身的功能来维护社会和谐和稳定的，社会又是如何出现紊乱、冲突等失范现象的。在结构－功能主义的众多学说流派中，帕森斯的理论主张值得借鉴，下面对其进行着重分析。

（二）帕森斯的结构－功能主义理论

帕森斯是结构－功能主义理论研究领域杰出的代表人物，他的结构－功能主义思想主要体现在《社会系统》（1951）、《现代社会体系》（1971）两部著作中。帕森斯的结构－功能主义理论中的主要概念和基本思想可以概括为如下几方面：

第一方面，帕森斯在他的早期著作中（主要是1937年出版的《社会行动的结构》）确定了将社会秩序作为他的社会学理论的中心议题，从而也确立了结构－功能主义的理论方向。帕森斯假定任何社会中都存在着一种大体一致的价值观念和行为准则，而社会秩序正来自人们这种大体一致的价值观念，价值观念是人们行动的指南。比如，西方社会里的宗教就代表着此类价值观念，它告诉人们什么是可以做的和什么是不可以做的，而社会结构（角色、组织和制度）则践行这些社会价值和目标。

第二方面，帕森斯在他的著作中重点发展了他的社会系统论。帕森斯认为任何社会系统在满足其基本生存需要的过程中都分化出了四个子系统，即经济子系统、政治子系统、法律子系统和亲属子系统。

帕森斯还提出，任何一个生命系统都应具有四种功能：第一，适应环境功能，即系统必须适应环境并从环境中获取资源，使其得以生存和发展；第二，目标实现功能，即系统必须确立自己的目标，明确目标的轻重缓急，并确定达到目标的手段；第三，社会整合功能，即系统必须整合、协调内部各部分之间的关系，以保持团结与和谐；第四，模式维持功能，即系统必须使各部分按照一定的规范和秩序参与系统内部的动态过程，以维持原模式的存在。

在社会系统中，这四种功能分别由经济子系统、政治子系统、法律子系统和亲属子系统来执行。经济子系统执行适应环境功能，从外部环境获取资源并分配给社会成员；政治子系统执行目标实现功能，为整个社会设置目标并配置资源以实现目标；法律子系统执行社会整合功能，以保证整个社会的团结与和谐；亲属子系统执行模式维持功能，保障社会价值观的稳定与传播。总之，帕森斯认为社会是具有一切必要生存功能的社会系统，是社会行动者之间相对稳定的社会关系模式的组合，在社会系统中，人与人之间的相互作用是按照一定规范进行的。

帕森斯强调，一个系统的运行状态是否稳定，不仅取决于它是否具有满足一般功能需求的子系统，还取决于这些子系统之间是否存在着跨越边界的对流式交换关系。对一个社会系统来说，维持其内部各个子系统之间边界关系的最低限度的平衡是至关重要的。若能维持它们之间的平衡，就可以达到社会运行的良性状态，就能发挥社会系统的正功能；若失去了这种平衡，社会就会出现冲突，社会运行就会成为失调状态，这是社会系统的负功能。

第三方面，帕森斯在他的晚期著作中还发展了他的社会进化论。帕森斯的社会进化论主张人类历史的进程是一种进化的过程，这种进化的过程包括四个阶段：（1）分化，它是一个系统或单位分解成两个或两个以上的单位或体系的过程。（2）适应能力的提升，它是分化的结果。如生产功能从家庭中分离出来，既提高了生产单位的生产效率，也增强了家庭在家庭教育方面的作用。（3）容纳，指一个社会单位容纳新成员的能力。帕森斯认为一个社会的容纳能力越高则其整合程度和效率也越高。（4）价值的通用化，指社会对新分化出来的单位的承认。社会的均衡和稳定依赖于社会是否发展出一套新的价值体系，这种价值体系承认和容纳所有新的单位。

（三）结构－功能主义理论与高校学生事务管理

按照帕森斯的理论，高等学校属于具有教育功能的模式维持组织，它是高等教育系统的子系统，高等教育系统和其他基本功能子系统之间的地位应该是平等的。系统是结构和功能的统一体。帕森斯的社会系统理论对系统结构的分析，并没有停留在对各种可见的物质性的社会结构的分析和描述上，也没有停留在分析这些有形的社会结构的功能运作机制上，而是进一步强调理念、价值和利益因等素，透过权力运作的脉络，在各种有形的和无形的社会结构中渗透，同时也考虑到了上述理念价值和利益的因素对社会总系统和各个子系统的运作的实际影响。

如果将帕森斯的上述思想结合起来描述高校学生事务管理结构，那么，高校学生事务管理结构就是指在一定的价值系统的指导下，不同利益相关者在高等教育决策过程中各自扮演的角色的制度安排，其核心是权力结构，即决策权力在不同的利益相关者之间的分配。它包括相互依存的两个方面：一方面是高校学生事务管理机构内部不同利益相关者在决策中的制度性的角色安排，即高校学牛事务管理的内部组织结构；另一方面是高校学生事务管理机构与高等教育系统内其他子系统之间的制度性的角色安排，即高校学生事务管理的外部组织结构，后者是前者在其中运行的情境或环境。

在这里，高校学生事务管理系统是在学生管理理念指导下的结构组织，而高校学生事务管理系统与高等教育系统内的其他子系统的地位是平等的，其他利益相关者对高等教育的治理须以高校学生事务管理组织自身功能的发挥为前提。同时，为保证高校学生事务管理组织的稳定性，必须建立如同生物有机体一样由相互联系的结构组成的体系，体系内的结构具有适应、整合等功能，它们在共同的观念指导下，共同发挥各自的作用，维持高校学生事务管理系统的秩序和稳定。因此，高校学生事务管理必须针对各项事务建立相应的组织机构，完善高校学生事务管理体系。

第三节　高校学生事务管理价值概述

一、价值的概念

“价值”这一概念有广泛的内涵，这里主要论述以下三方面：第一，人们常常提到的使用价值，即某客观主体的实际效用，或者某种积极作用；第二，广泛存在于各种社会科学如社会学、教育学、经济学、美学、伦理学等之中的价值概念，它包含着丰富且复杂的内容和观念系统；第三，一种哲学概念，表示具体的学科中的一种抽象的本质属性，是人们产生的关于“价值”的认知，也可以说是对人类社会中出现的价值现象进行的研究及产生的理论体系，常被叫作“价值论”。从价值层面上讲，本文中探讨分析的高校学生事务管理的价值可归纳在教育管理理论的价值体系之内，我们可以以哲学价值论为依据从事具体的价值研究。

从哲学意义上看，主体和客体之间具有一种特定的关系，这就是价值。价值联系着主客体的动态关系和整体关系，揭露了主体在这种关系中的尺度和特点。价值有以下几点基本特征：第一，有客观社会性属性，表现在人们对其所需客体的需求和利用上。其中，客体的存在是客观的，主体的需要也是取决于社会的客观事实的，因此，主客体间也有着客观的关系。人的意志和认知的变化不会对价值的客观社会性造成影响。第二，价值所体现的是主体与客体的需要与满足的关系，即一种关系范畴。脱离了这两者的关系来讨论价值是行不通的，从客体与主体需要的关系中理解价值是价值的本质所在①。

二、高校学生事务管理价值的概念

高校学生事务管理价值是指高校学生事务管理主体和高校学生事务管理客体之间的一种特定的关系。高校学生事务管理主体一般是指高校内的专门组织和高校学生事务管理者。在特定条件下，学生也可以成为高校学生事务管理的主体，如学生组织的负责人等。高校学生事务管理的客体是指高校学生事务，它包含两个层面：一是对“人”的管理，即对学生个体及在此基础上构成的学生群体的管理，关注的是“人与人”之间关系的调适；二是对“事”的管理，即对学生相关事务的管理，关注的是“事与人”的匹配。高校学生事务管理的价值最终体现的是主体的需要和客体对需要的满足程度。一般来说，主体的需要越强烈，客体在其相应程度上满足了主体的需要，价值就越大；反之，则越小。

高校学生事务管理价值的内涵主要包括以下三方面。

---

① 胡建华，陈列，周川，等．高等教育学新论 [M]. 南京：江苏教育出版社，2005：194.

（一）高校学生事务管理价值的主体是高校内的专门组织和高校学生事务管理者

高校学生事务管理价值的主体是具有社会特征的个人、组织或人的总和。人的需求是高校学生事务管理价值的主要依据。高校学生事务管理价值的对象是学生事务的活动过程和属性。高校学生事务管理的价值是高校学生事务管理在活动中的内在属性的体现，而高校学生事务管理的规范属性是高校学生事务管理价值的客观条件。

高校学生事务管理只有具备促进高校教育领域的秩序、自由、公平和效率的属性基础，才具有相应的价值。高校学生事务管理的价值是建立在主体与客体、高校学生事务管理者与高校学生事务的实际关系之上的。如果高校学生事务与专业组织、高校学生事务管理者之间没有实际关系，就不可能形成价值关系。

（二）高校学生事务管理对价值主体的意义

高校学生事务管理中对价值主体满意度的研究是高校学生事务管理价值最基本的内容，高校学生事务管理对价值主体的意义主要包括两个方面：

（1）价值主体是高校学生事务管理价值的直观体现，体现了高校学生事务管理需要满足价值主体的现实状态。高校学生事务作为价值的客体，属于价值主体预先设定的一种价值主体转化加工的形式。因此，当价值主体预设高校学生事务时，体现了他们的价值取向，赋予了高校学生事务管理应有的价值目标。

（2）价值主体为未来高校学生事务管理的发展提供了方向。高校学生事务管理对价值主体需要满足的现实是暂时的。价值主体总是根据对高校学生事务管理发展趋势的预测，对高校学生事务管理提出进一步的要求和希望。正是这样的要求和希望，促使高校学生事务管理在满足学科价值需求的同时，也趋于合理和完善。

（三）高校学生事务管理价值的基本属性是哲学意义的价值属性在高校学生事务管理上的具体化

高校学生事务管理本身具备的基本属性重点体现了其独特的价值含义。高校学生事务管理的价值所在不仅包括上文中提及的主体性、客观性，还有社会性、历史性、相对性、绝对性、多元性、一元性等多种基本属性。

社会性通常指的是高校学生事务管理具备的价值所受到的社会性的制约和影响，主要包括价值内容、价值关系以及价值活动等方面在社会的文化、政治、制度、体系、传统、教育管理体制及法制限制等方面所受的制约和影响。

历史性指的是随着历史的发展，高校学生事务管理的价值不断地发生变化，其价值主体越来越丰富，价值关系也越来越复杂。

相对性指作为客体的高校学生事务作用于主体产生的效应，是相对于一定的主体而言的，是具体的、有条件的，因而是相对的。

绝对性指作为客体的高校学生事务对主体的意义的普遍性、确定性、无条件性、恒常性。

多元性是指高校学生事务管理对不同主体或不同条件下的同一主体的价值评价不同，甚至有多种价值评价标准。

一元性是指高校学生事务管理价值对同一历史时期或一定条件下的不同主体在特定方面的意义是具体的、确定的、单一的。

高校学生事务管理价值就是主体性和客观性、社会性和历史性、相对性和绝对性、多元性和一元性的统一。

三、高校学生事务管理的主要价值

高校学生事务管理的价值是多方面、多层次的。高校学生事务管理的价值可概括为三个层面：个体的价值、情境的价值和工具性价值。其中个体的价值主要包括独特、经验和责任；情境的价值包括社群、平等和正义；工具性价值是联结个体与情境的桥梁，促使个体形成自我价值感和归属感。此外，在这一领域的文献中经常提及的其他价值还包括利他主义、自尊和宽容等。

我们认为，高校学生事务管理的价值主要表现在提高学生的生活适应能力、发展学生的智力、促进学生的道德成长及传承社会核心价值等方面。

（一）提高学生的生活适应能力

高校学生事务管理通过提供多元化、多功能的指导、管理和服务，提高学生的生活适应能力。这种生活适应能力主要包括两个方面：校园生活适应能力和社会生活适应能力。

高校学生事务管理为学生提供指导、管理和服务，包括生理、心理、休闲活动等符合个人发展需要的服务，以及与学生全面发展相关的服务，如情绪管理、职业指导等。通过新生迎新、宿舍管理、奖惩管理、心理疏导等方式，提高学生对校园生活的适应能力；通过就业辅导、就业教育、就业技能培训等活动，使学生掌握必要的生活技能，积累更多的社会经验，更能适应社会的需要，增强其社会生活的适应能力。

（二）发展学生的智力

发展学生的智力是高校教师的主要责任，也是高校学生事务管理的应有价值。

高校学生事务管理重视学生知识的积累和各种能力的培养，常常鼓励学生参加各类实践活动。未来，其管理重点将从为学生提供传统的教学服务和教育支持转移到对学生个人发展的重视和对其学习成果的关注上。所以，高校学生事务管理部门应加强自身与高校其他管理部门如科技管理部门、教育教学管埋部门之间的合作，允分探索学生在课外实践活动中各种能力的培养和发展的多重可能，为不同层次的学生提供不同方式、不同程度的教学内容与活动项目。鼓励高校学生积极参与校园的各项管理事务和活动项目，创造多维化的学习、生活场景，促进不同特点的学生的成长和发展，促进学生养成创造精神和探索精神。帮助学生更充分地开发智力，促进学生全面发展，帮助学生建构起真正意义上的社会自我。

（三）促进学生的道德成长

在当今时代背景下，高校学生会面临各种新的价值观念，这时，他们需要有正确、成熟的价值引导。在道德教育和培养方面，高校学生事务管理工作同样意义深重。一般来讲，高校学生事务管理者不仅是大部分学生进入大学阶段接触到的第一个人或组织，更是学生大学生涯中接触时间最长久的人或组织，高校学生事务管理工作贯穿学生在大学期间的整个受教育过程，管理者的行为举止深深地影响着每一个学生，也影响着高校未来的发展。因此，高校学生事务管理者不仅自身要具备非常优秀的道德品行，更应该指导教育高校学生对道德、法律等有一定的认知，能够自觉遵守社会道德，承担其相应的法律责任和义务；高校学生事务管理者还要培养学生养成对周围人物、事物的理解力和敏感性，使其能够直击问题本质，从多种角度分析和看待事物，以多元化、客观的眼光来综合分析问题，同时采取相应的行动，使学生获得道德方面的成长。

（四）传承社会核心价值

核心价值一般作为某个组织中最持久、最基本的信念，体现着该组织全体成员达成共识的内在价值。而社会核心价值观则为社会中最核心、最基本的社会意识形态。虽然社会本身构成复杂，但其通常有着十分明确的核心价值观。

富强、民主、文明、和谐、自由、平等、公正、法治、爱国、敬业、诚信、友善是社会主义核心价值观的基本内容。当今时代，中西方价值观之间存在冲突，新旧价值观之间也存在冲突。不同价值主体的存在是价值冲突存在的现实基础。然而，高校学生事务管理并不是简单地消除冲突和多样性，而是要鼓励多样性，在价值冲突中把握核心价值观。高校学生事务管理工作要肩负起传承社会主义核心价值观的责任。只有这样，高校学生事务管理与政治等社会因素的关系才能进行持续性的良性循环，高校学生事务管理的价值才能最终实现。

第二章 高校学生事务管理及其模式的发展演进

第一节 高校学生事务管理的发展演进

自1949年中华人民共和国成立以来到1979年我国实行改革开放政策，我国高校学生事务管理基本以思想政治教育为指引，历经两个重要历史发展阶段，即高校学生事务管理的教育改造期、改革期。自1979年以来，我国教育事业得到了极大的发展，尤其是我国的高等教育，在经历了数次改革终于稳步发展后，我国高等教育院校才实现了真正意义上的高校学生事务管理的落实和开展，共经历了萌芽时期、探索时期、初建时期与全面发展时期四个发展阶段。本章以1978年为起始点，论述这四个发展阶段。

一、萌芽时期（1978年至20世纪80年代中期）

党的十一届三中全会后，我国的高等教育迎来了发展的春天。原国家教育委员会于1978年和1983年相继颁布了《高等学校学生学籍管理的暂行规定》和《全日制普通高等学校学生学籍管理办法》等文件，对我国高校学生事务管理工作进行了初步规划。

在我国高校学生事务管理的萌芽时期，“政治挂帅”的思想逐渐被纠正过来，对高校学生事务管理工作的称呼也由“政治思想”工作转变为“思想政治”工作，工作的重点集中在学生思想、道德、修养的均衡发展上。从我国高校学生事务管理的萌芽时期开始，辅导员制度就被确立为高校学生事务管理的核心制度。但当时在辅导员的选拔要求上并没有做出硬性的规定，基本上是选择留校的高校毕业生从事学生事务工作。

二、探索时期（20 世纪 80 年代末至 90 年代中期）

20 世纪 80 年代末至 90 年代中期，中央陆续颁布了相关文件指导我国高校学生事务管理工作，积极探索我国高校学生事务管理发展的可行性途径。《关于教育体制改革的决定》《中国教育改革和发展纲要》以及《关于进一步改革普通高等学校招生和毕业生就业制度的试点意见》等文件，就是此时期颁布的。20 世纪 80 年代末至 90 年代中期这一时期，不仅是我国改革开放政策持续深化的时期，也是我国高校学生事务管理的探索时期。在改革开放的时代背景之下，我国高校学生事务管理在理论建构和实践探索上表现出了新的特点。

高校学生事务管理的内容和范围越来越丰富是这一阶段的首要特点。高校学生事务管理将心理辅导和就业指导两项工作划入了自己的工作范畴，服务学生的质量由此提高。此外，高校很重视辅导员的聘用环节，重视培养高校学生事务管理主体的综合能力和综合素质，同时提供相关的培训课程，凸现出高校学生事务管理工作的地位。

三、初建时期（20 世纪 90 年代末至 21 世纪 00 年代中期）

自 1998 年起，我国各大高等院校逐渐扩大招生规模，我国高校学生的数量迅速增长，引发了各种社会关注的问题，如贫困生贷款、高校学生心理健康以及毕业生就业等问题，这些问题都是我国高等教育的重点关注问题。从我国高校学生事务管理工作上看，新的社会发展形势带来了新的挑战，同时也提出了更高的发展要求，促使我国高校学生事务管理工作进行更深一步的改革和创新。高校学生事务管理的范畴在这一时期不断扩大，进一步维持和巩固了其独立地位，逐渐显露出以下特点。

第一，随着我国学术界、教育界越来越关注高校学生事务管理，配套的实践研究和相关理论也越来越丰富。我国对国外高校学生事务管理中先进的实践研究成果和相关理论经验进行了积极的吸收和借鉴，并在此基础上，逐渐构建出了我国高校学生事务管理的理论体系框架；经过不断的探索，科研成果越来越丰富。第二，我国高校学生事务管理变得越来越规范化、系统化。随着高校学生事务管理范畴的不断扩大，就业指导、心理健康咨询、贫困生助学贷款以及大学生职业规划等越来越多的项目内容被列入了该管理体系，使得高校生越来越多样化、复杂化的实际需求得以满足。第三，高校学生事务管理团队在工作中不断接受培训，提升自身规范化、专业化程度，提升队伍的综合素质，在此背景下，高校逐年提高思想政治辅导员的聘用门槛，鼓励具有专业学业背景的且有一定相关经验的优秀人才加入到高校学生事务管理团队之中，以改良团队的学术结构。第四，高校学生事务管理属于管理特长类的专业，从事该专业的人员可以通过加强与校内教职员工的沟通和交流，丰富该专业的内容。另外，积极参与国内外各种相关的研讨培训班、大学交流访问等活动，有助于国内外高校之间的相互交流，打造良好的沟通、研讨平台。

四、全面发展时期（21 世纪 00 年代末至今）

2007 年，为贯彻落实党中央、国务院关于我国高等教育要全面贯彻科学发展观，切实把重点放在提高教育质量上的战略部署，进一步深化高等教育本科教学改革，教育部颁布了《关于进一步深化本科教学改革全面提高教学质量的若干意见》。当代社会各行各业之间竞争越来越激烈，招聘单位对高校学生的综合素质提出了更高的要求。与此同时，我国的高等教育体制改革走入深水区，高校面临新机遇的同时也面临着新的挑战。我国高校学生事务管理已历经了萌芽时期、探索时期和初建时期，较之改革开放初期已经有了长足的进步，进入了全面发展时期。在这一时期，高校学生事务管理的观念仍需与时俱进、持续更新，高校学生事务管理部门的管理体制和管理模式仍需从实际出发，继续调整和优化，高校学生事务管理队伍的专业化和标准化建设仍需继续推进。

第二节　高校学生事务管理模式的发展演进

我国高校学生事务管理模式的发展具有明显的时代特征。自中华人民共和国成立以来，高校学生事务管理的发展大致可以划分为萌芽、探索、初建、全面发展四个时期。在这四个时期中，高校学生事务管理形成了三种模式，即“教育—管理”模式、“教育—管理—服务”模式与“教育—管理—服务—发展”的模式，每种模式都有较为鲜明的特征。

一、“教育—管理”模式

（一）“教育—管理”模式的形成

基于社会主义改造与社会主义革命的要求，1952 年教育部颁发了《关于在高等学校试行政治工作制度的报告》(以下简称《报告》)，《报告》明确提出：“高等学校中建立政治工作制度，以加强政治领导，开展马克思列宁主义的思想建设工作，为全国高等教育建设事业打下坚强的政治基础”……在校内设立政治工作机构，其名称可称为政治辅导处。”《报告》还指出了政治辅导处的任务：“(1) 指导全体教职员工的政治理论学习；(2) 协助教务处指导马克思列宁主义理论课程的教学；(3) 指导全校教职员工和学生的社会活动；(4) 掌握教职员和学生的政治思想情况，管理教职员和学生的历史、政治材料，主持毕业学生的鉴定，参加毕业生的分配工作，参加教职员的聘任、升迁、奖惩等工作。”[①] 1953 年，时任清华大学校长的蒋南翔在学校内率先试行政治辅导员制度，标志着我国高校学生事务管理“教育—管理”模式的形成。具体而言，当时把学生事务管理称为“学生工作”“学生政治工作”，其主要任务是辅导学生的政治学习和政治活动，依附于学校政治工作而存在。

1950 年召开的第一次全国高等教育会议提出我国高等教育的方针和任务是：“以理论与实际一致的方法，培养具有高度文化水平的、掌握现代科学和技术成就的、全心全意为人民服务的、高级的国家建设人才。”[②] 这一时期，我国处于高度的计划经济体制，高等教育由国家统一包揽，每个高校的建立、建设、发展、调整，全部由政府进行统一的计划管理；学校的领导任免、发展规模、专业设置、招生和毕业分配、经费拨给等都由政府主管部门统一安排。这一时期高校学生事务管理模式的显著特征就是集权管理。高校对人才的培养目标是根据国家的计划性要求而设定的，强调了目标的同一性，以统一的培养方式对学生进行管理，强调的是“全国一盘棋”。在高校内与之相对应的学生事务管理突出的是对学生思想政治教育方面的管理，并

① 中共中央文献研究室．建国以来重要文献选编：第三册 [M]. 北京：中央文献出版社，1992：321.

② 张国华．北京高等学校百年科技发展 [M]. 北京：北京工业大学出版社，2003：23.

没有涉及太多的非学术性的事务管理；仅有的也只限于对学生学籍的管理，如1960年教育部正式发布的《关于处理高等学校学生转专业、转学、休学、复学、退学等问题的规定》，是针对高校处理上述学籍变化问题时方法不一致的现象而做出的统一规定。

（二）“教育—管理”模式的特征

这种模式的特征主要体现在通过对学生的教育和管理使学生不断强化成才目标。“教育—管理”模式的构成如图2-1所示。

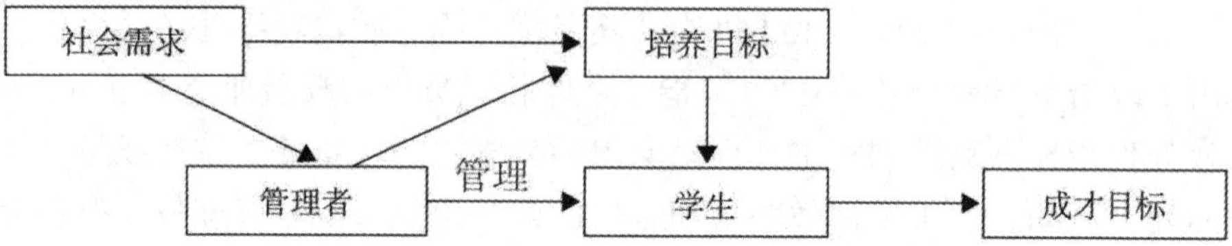

图2-1 “教育—管理”模式的构成

该模式下的高校学生事务管理的职责是以管代教，通过奖励、惩罚等手段，管住、管好学生。突出显性的思想政治教育和刚性的管理，对学生的培养是按照同一个既定模式的要求，由此培养出来的人才往往只有共性而缺乏个性。

该模式由管理者、管理目标及管理形式三个方面构成。三者的关系是：管理者是主体，根据国家的计划或其对社会需求的理解与判断来设定人才的培养目标，并通过一系列的规章制度和工作规范等管理手段，促使学生达到成才目标。

（三）“教育—管理”模式的评价

在“教育—管理”模式中，高校学生事务管理突出表现在学生政治工作方面，其功能主要基于政治的需要，从思想上教育学生，端正学生的政治立场。高校是培养社会主义建设者和接班人的摇篮，因此必须确保人才成长的政治方向。设立政治辅导员制度，有助于加强政治教育，在当时具有十分重要的意义。可见，此阶段高校学生事务管理的主要任务是辅导学生进行政治学习和开展政治活动，是依附于学校政治工作而存在的，在当时来说是具有积极意义的。

二、“教育—管理—服务”模式

（一）“教育—管理—服务”模式的形成

这一阶段提出了学生思想政治教育是高校教育的重要组成部分。1982年教育部颁发了《高等学校学生守则（试行草案）》，对高等学校学生的政治思想和道德品质提出了基本要求，明确了学生应该遵守的行为准则和道德规范，同时也强调了加强思想政治教育与加强管理相结合。1989年原国家教育委员会在《高等学校学生守则（试行草案）》的基础上，颁发了《高等学校学生行为准则（试行）》的文件，从政治、思想和品行等方面对高校学生提出了基本要求。高校思想政治教育体现了以德育为首，德育即思想品德教育，把培养学生树立良好的思想品德放在了第一位。

另一方面，高校学生事务管理这一概念开始有了明确表述。1978年教育部发布了《高等学校学生学籍管理的暂行规定》，对高等学校学生学籍管理的范围做出了明确的规定，并增加了新生入学、升级与留级、纪律考勤、奖励与处分、毕业及鉴定等内容。在此基础上，1983年教育部正式发布了《全日制普通高等学校学生学籍管理办法》并指出“必须加强全日制普通高等学校的学生管理工作”，同时对高校学生从入学到毕业的相关要求做出了更为详尽的规定。“学生管理”开始作为特定术语使用在高等教育管理上。事实上，此时高校学生事务管理的模式仍是传统的“教育—管理”模式。

1984年10月党的十二届三中全会通过了《中共中央关于经济体制改革的决定》，指出“随着经济体制的改革，科技体制和教育体制的改革越来越成为迫切需要解决的战略性任务”。1985年5月中共中央颁布了《关于教育体制改革的决定》，重点在改革高等学校的招生计划和毕业生分配制度，扩大办学自主权，改变“高等学校按国家计划统一招生，毕业生全部由国家包下来的分配办法”，提出高校有权在计划外接受委托培养学生和招收自费生；学生应交纳一定数量的培养费，毕业后可以由学校推荐就业，也可以自谋职业；改革助学金制度，实行奖学金制度，对确有经济困难的学生给以必要的补助；增加自学时间和课外学习活动，有指导地开展勤工助学活动；毕业生的分配计划改为由培养单位与用人单位通过供需见面后提出分配建议计划，就业分配走出了自主择业的第一步。这一阶段学生管理的内涵开始发生变化，就业指导、奖助学金、勤工助学等开始列入学生管理的范畴，传统的

“教育—管理”模式开始动摇。

1990年原国家教育委员会颁布了《普通高等学校学生管理规定》，其中对“学生管理”明确定义为“对学生入学到毕业在校阶段的管理，是对高等学校学生学习、生活、行为的规范”，并在文件中增加了包括学生社团、文娱体育、勤工俭学、社会活动在内的课外活动及校园秩序的管理内容。这时的学生管理已包括了“学生教育”和“学生管理”两个方面的内容。“学生教育”主要指对学生进行思想政治教育，培养学生坚定正确的政治方向和良好的思想道德品质；而“学生管理”则是从狭义的管理（对学生在校期间的学习、生活、行为的规范与指导）发展到了广义的管理，即包含了“管理学生事务”的内容，如对学生就业指导、学生的心理健康问题、勤工助学等事务的管理。此时，高校学生管理不仅包括“管理学生”，还包含了“管理学生事务”。随着高校就业制度、收费制度的改革，学生主体意识不断增强，管理理念发生了根本性变化，使得高校学生事务管理的内涵不断拓展，高校学生事务管理的功能从教育、管理学生逐渐走向服务学生，“教育—管理—服务”模式逐渐形成。

（二）“教育—管理—服务”模式的特征

“教育—管理—服务”模式的特征主要体现在学生成为了主体，他们根据社会对人才的需求，从自身的实际出发，设计自己的成才目标，而管理者则通过必要的、有效的教育和管理，为学生提供良好的学习和生活环境，以充分促进学生个体发展，并为学生潜能的开发提供各种支持和服务。“教育—管理—服务”模式的构成如图2-2所示。

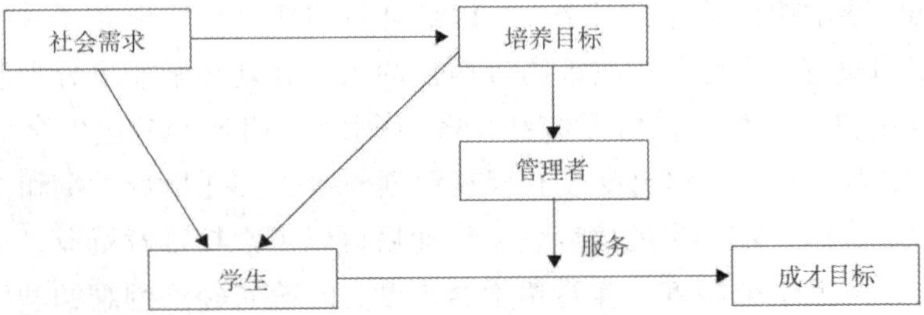

图2-2 “教育—管理—服务”模式的构成

该模式仍由管理者、管理目标、管理形式三个方面构成，但值得注意的是，在这一模式中，学生主体地位逐步确立，而管理者则逐渐由主体地位向服务者转变。

此时，管理的作用表现为引导学生实现他们个人的成才目标，而突出的是服务的功能。管理在很大程度上是为服务创造条件和提供资源，体现在服务环境的改善和服务效果的提高。

（三）“教育—管理—服务”模式的评价

这一时期高校学生事务管理以“学生工作”或“德育”取代了“学生政治教育”。20世纪90年代，原国家教育委员会颁布了《普通高等学校学生管理规定》，提出了健全管理制度应同加强思想教育相结合，对学生以正面引导为主，警惕并抵制负面思潮的渗透和侵袭，做好学生的教育和管理工作。学生管理在观念上发生了转变，人们开始意识到“大学生是学校中平等的一员。管理教育，严格管理是必要的，但不应把学生当作被‘管教’的对象。应使学生在平等、民主的环境、气氛中接受教育。”① 高校学生事务管理从“管教”转变成了“教育与管理”。随着高校教育招生并轨、缴纳学费、自主择业等一系列的改革，高校学生事务管理在实践中开始增加服务型的引导功能，如就业指导、勤工助学，有力地促进了我国高等教育的发展。

20世纪90年代后期我国经济、政治和社会发展发生了巨大的变化。1998年教育部颁发了《面向21世纪教育振兴行动计划》，1999年中共中央、国务院颁布《关于深化教育改革全面推进素质教育的决定》，进一步推进了高等教育的改革和发展。高等教育从1999年开始扩大招生规模，到2002年，高等教育毛入学率已达到15%，进入了一个崭新的发展阶段。而此时，高校逐渐面临越来越多的问题，高校学生事务管理的范围在进一步地扩大，前所未有的或在过去不以为意的工作变得愈加突出和引人注目了，如学生心理健康、学生资助、就业指导与规划、健康教育、后勤服务，等等。高校学生事务管理期待着一种更为合理的管理模式以应对高等教育大众化的发展需要。

三、“教育—管理—服务—发展”模式

（一）“教育—管理—服务—发展”模式的形成

高校从1999年起经过三年的扩招和实行学分制、弹性学制等一系列改革，高等教育毛入学率从1998年的9.8%上升到了2021年的57.8%，高等

① 蔡克勇．高等教育的发展和改革[M]. 武汉：华中理工大学出版社，1991：151.

教育逐渐从精英型走向大众型。我国高等教育已实现了历史性的跨越，从精英化高等教育过渡到了大众化高等教育阶段，随着高等教育改革的深化，对高校学生事务管理的要求也在逐步提高，主要有以下三方面的表现。

第一，高等教育越来越强调并重视教育质量，高校办学越来越突出学术导向，进一步促使高校学生事务管理行政化倾向日趋减弱，以服务为主导的管理意识不断加强，高校学生事务管理地位日趋重要。

第二，思想政治教育作为高校学生事务管理的一部分逐渐走向科学化。学生思想政治教育成为了一门学科，高校开设了思想政治理论课。同时，国家对思想政治理论课的教学计划和课程设置做出了明确的规定，保证了学生接受教育的系统性和有效性，学生思想政治教育有了正式的渠道和专业化的教师队伍，这为高校学生事务管理进一步向专业化的队伍迈进创造了必要的条件。

第三，21 世纪国际教育委员会向联合国教科文组织提交的报告指出：未来教育应围绕学会认知、学会做事、学会共同生活、学会生存四个支柱来开展。学生是高校生存之本，促进学生的全面发展是高校发展之本，高校学生事务管理需要审时度势并重新定位。

在此背景下，高校学生事务管理不能停留于只以服务为主，而应建立新的管理模式以促进学生的全面发展。对高校学生事务管理目标重新定位，确立“以人为本”的管理理念，通过以服务促发展的方式，使传统的服务方式发生转变，高校学生事务管理逐渐呈现出“教育—管理—服务—发展”模式。

（二）“教育—管理—服务—发展”模式的特征

“教育—管理—服务—发展”模式的特征主要体现在以学生为主体，从社会对人才的需求和学生自身成长的需要出发，为实现学生自身的成才目标，管理者除了为学生提供良好的学习和生活环境外，更重要的在于为学生潜能的开发及其今后的发展提供更多更具专业性的支持和服务。高校学生事务管理从“服务学生”开始走向了“促进学生的全面发展”。“教育—管理—服务—发展”模式的构成如图 2–3 所示。

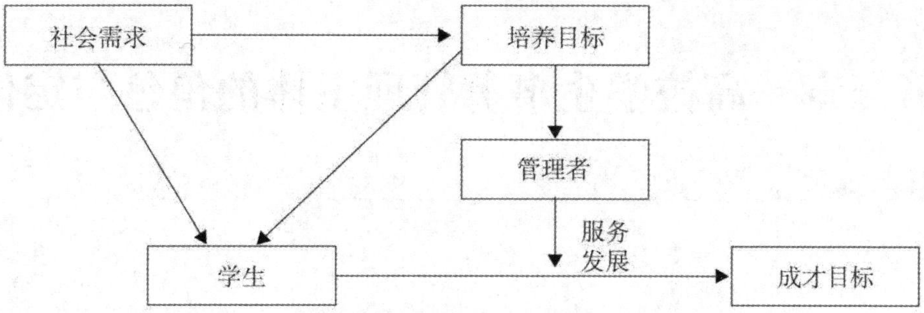

图 2-3　“教育—管理—服务—发展”模式的构成

高校的职责除了在学术上体现“学会认知”，更重要的在于通过非学术途径，即通过高校学生事务管理体现“学会做事”“学会共同生活”“学会生存”，并帮助学生实现个人的全面发展。这就对高校学生事务管理者提出了新的职业要求，即要以专业人员的身份，关注学生的变化，关注学生的成长影响因素及其人格类型，关注课外活动对学生个体发展的影响，通过提供专业化的服务促进学生实现个人的发展。可以说，高校学生事务管理走到了高校教育管理的台前。

（三）“教育—管理—服务—发展”模式的评价

该模式是建立在高等教育进入大众化发展阶段，对高校学生事务管理进行重新定位的结果，体现了“以人为本”的管理理念。该模式重视了学生的个性发展和身心健康，强调了学生的自主学习与创新能力的发挥，在管理的方式、方法上采取了更有针对性的、更为专业的指导服务，在营造良好的校园文化和校园环境的同时，帮助学生解决在学习过程中遇到的困难和产生的困惑，从而有效地促进学生综合素质的提高。“教育—管理—服务—发展”模式是高校学生事务管理发展的必由之路。

第三章 高校学生事务管理主体的角色与定位

第一节 高校学生事务管理主体的内涵与构成

一、高校学生事务管理主体的内涵

高校学生事务管理在高校日常管理中占有十分重要的地位，高校学生事务管理水平的高低，不仅关乎学生的前途命运，还关乎学校的生存与发展。随着高等教育的飞速发展和社会的全面进步，高校学生事务管理活动的重要性日渐凸现。在高校学生事务管理过程中，管理主体不仅是管理的三个基本要素之一，也是三个基本要素中最为重要的因素，意义重大。

主体是一个哲学概念。马克思反复强调人始终是主体，主体是真实存在着的，活动的人；他在批判西方传统哲学的主体理论的基础上，真正确立了人的主体地位，构建了以从事实践活动的现实人为核心的科学的主体理论。高校学生事务管理是针对以高校学生为中心的管理客体进行的实践管理活动，高校学生事务管理主体就是从事高校学生事务管理工作的人，是整个高校学生事务管理活动的发动者和承担者，在高校学生事务管理活动中处于主导地位。管理的对象是学生，这与其他的管理实践活动截然不同。高校学生正处于青年时期，他们能够在较为集中的时间内，有组织、高密度、大强度地对学科知识和技能进行系统学习。与此同时，高校学生的学习活动仅是个体全部实践活动的过渡阶段，通过学习才能够完全融入社会，从事社会实践活动，这也使得高校学生具有了与其他社会群体所不同的特征。

在高校学生事务管理过程中，学生是管理的基础，在事务管理活动中管理主体处于主导地位。正如马克思所说："一切规模较大的直接社会劳动或共同劳动，都或多或少地需要指挥，以协调个人活动，并执行生产总体的劳动——不同于这一总体的独立器官的运动——所产生的各种一般职能，一个单独的提琴手是自己指挥自己，一个乐队就需要一个乐队指挥。”① 他用乐队指挥和乐队小提琴手之间的关系说明了社会活动需要指挥者来协调个体活动，以实现总体目标。在高校学生事务管理活动中，管理者就扮演着乐队指挥的角色，管理者通过其专门的高校学生事务管理经验和知识，运用特定的管理手段，推动整个管理过程的实现。

二、高校学生事务管理主体的构成

高校学生事务管理主体的构成包括校级高校学生事务管理主体、院（系）级高校学生事务管理主体和班级高校学生事务管理主体。校级高校学生事务管理主体包括党委、行政及团委，绝大多数高校都把党委系统的学生工作部和行政系统的学生工作处合二为一，学生工作部（处）在校党委的领导下开展工作。校级团委受校党委的直接领导，扮演着党的助手和后备军的角色。和校级高校学生事务管理主体相适应，院（系）级高校学生事务管理主体的构成包括学生工作办公室和院（系）团委，院（系）级高校学生事务管理主体既受同级党委领导，又受上级组织的领导。班级高校学生事务管理主体是高校学生事务管理的基层主体，主要由辅导员和班主任构成，他们直接面对管理客体（学生），接受上级主体的领导，对学生进行具体的管理。高层、中层和基层三个不同层次的高校学生事务管理主体都有各自相应的职责，它们之间既相互区分，又是一个有机的整体。上级与下级之间、同级与同级之间是相互配合的关系。

校级高校学生事务管理主体是高校学生事务管理实践过程的管理者，也是高校学生事务管理工作的总负责人，其既有管理者的性质，又有领导者的责任。领导是为了实现某个目标，对组织内的个体和群体进行引导并施加影响的过程；管理则是通过协调他人活动，充分利用各种资源实现组织目标的过程。领导侧重方针政策的制定和重大问题的决策；管理侧重对方针政策的执行和对决策的落实。领导也是一种管理，是高层次的管理。从某种意义上看，院（系）级高校学生事务管理工作者也负担着领导的职能，但是他们侧重对决策的落实，致力协调院（系）内部学生各个环节之间的工作。组织协调能力对中层主体来说是十分重要的，正确处理好中层与高层之间、中层与基层之间的人际关系，是中层领导者应重点考虑的问题。

① 中共中央马克思恩格斯列宁斯大林著作编译局. 马克思恩格斯全集第四十四卷[M]. 北京：人民出版社，2001：384.

第二节 高校学生事务管理主体存在的意义与角色定位

一、高校学生事务管理主体存在的意义

高校学生事务管理主体这一角色存在的意义主要有以下几点。

（一）高校学生事务管理主体是高校各项工作落实过程中的关键一环

对高校而言，无论是哪一项管理工作，最终都要落实到教师和学生中去，而在落实工作具体开展的过程中，基本上都是通过高校学生事务管理主体来实现的，高校学生事务管理主体是高校各项工作落实过程中的关键一环。

（二）高校学生事务管理主体是高校加强素质教育的重要力量

高校学生事务管理主体是高校加强素质教育的重要力量，这一角色定位主要体现在高校学生事务管理主体对学生活动的组织与指导上。高校学生事务管理主体可通过鼓励和引导学生参加各类活动，引导学生深入社会、深入实践，锻炼学生的事务处理能力，提高学生的综合素质。

（三）高校学生事务管理主体是高校学生日常教育管理的主力军

高校学生的日常教育管理主要有两部分内容：一部分是日常教学管理，包括选课、学籍处理、学习检查与督促等；另一部分是日常行为管理与生活管理，包括奖学金的检查与评定、勤工助学岗位设置、违纪事件的预防和处理、活动的组织与开展、党员的培养与发展、学年鉴定的填写与归档、择业教育与就业指导、学生安全与稳定，等等。

高校学生事务管理主体是学生日常教育管理的主力军，是各项工作的组织者、实施者和指导者。高校学生事务管理主体在日常的管理活动中，通过观察和交流，能够准确把握学生当前存在的各种问题，然后通过人性化的关怀和服务解决学生各方面的困难和问题，让学生感受到温暖，从而让学生没有后顾之忧，有更多的精力投入学习中去。只有通过高校学生事务管理主体良好的日常教育管理，才能创造良好的学习风气。

高校学生事务管理工作是高校教育教学顺利开展的保障，一支优秀的管理团队，不仅能从根本上解决高校当前存在的问题，还能为国家未来的发展培养更多优秀的人才。

（四）高校学生事务管理主体是高校连接学生与社会的关键桥梁

对即将踏入社会的高校学生而言，他们对社会有着自己的认知，但是这样的认知是存在一定的片面性的。而这些认知上的偏差将会直接影响到高校学生世界观、人生观、价值观的形成。高校学生还处于思想塑造性较强的时期，在这个时期，正确的引导能够帮助高校学生更好地塑造自己的人格。能够在这个塑造过程中对其产生直接影响的，必然是高校学生接触最多的人；同时，这个人必须是既有社会经历，又对人生有一定感悟的人。专业教师同高校学生的接触往往只在课堂上，因此，高校学生事务管理主体最能够胜任此项工作。高校学生事务管理主体的工作需要经常性地同学生进行交流，通过这种方式正确地引导学生养成良好的心理品质和自尊、自爱、自律、自强的优良品格，有针对性地帮助学生处理好学习成才、择业交友、健康生活等方面的具体问题。若是在大学校园内高校学生事务管理主体不和高校学生交流社会经历和想法的话，高校学生就会对社会产生许多不切实际的想法，等到他们正式参加社会工作时很有可能会因为经受不住社会的压力而选择放弃。因此，高校学生事务管理主体是高校连接学生与社会的关键桥梁，对高校学生正确三观的形成起着至关重要的作用。

（五）高校学生事务管理主体是高校开展“三育人”工作的重要载体

教师重在教书育人，后勤工作人员重在服务育人，而高校学生事务管理主体却实实在在地将“教书育人、管理育人、服务育人”三者结合了起来；具体表现为：高校学生事务管理主体既要承担相关课程的教学任务，又要从事学生的日常教育管理工作，还要负责毕业生的就业服务等工作。

二、高校学生事务管理主体的角色定位

高校学生事务管理主体的角色定位到底是什么？角色的定义告诉我们，角色是处于一定社会地位的个体依据社会对他提出的要求，运用自己的能力适应社会环境所表现出的行为模式。在现实生活中，高校学生事务管理主体通常不会只扮演一种角色，而是会同时扮演好几种角色，这是由其工作性质、工作任务所决定的，高校学生事务管理主体的角色定位主要有以下几种。

（一）专家

专家是指对某一门学问有专门研究的人，或擅长某项技术的人。专家往往在某一个特定领域内具有较为全面的知识，或在某一方面有自己独到的见解，对专业问题有清楚的了解，并有相应的解决办法。高校学生事务管理工作专家就是指对高校学生事务管理的特点、任务、方法和专业知识等有深入的研究，并能有效地指导高校学生事务管理工作的开展，科学地探索高校学生事务管理新思路、新方法的人。首先，高校学生事务管理工作专家要解决高校学生事务管理工作中更深层次的问题。学生是一个个性多样、情况复杂的群体，在这个群体中，会出现方方面面的问题，比如心理健康、职业教育、恋爱观、价值取向、学习指导、法治教育，等等。这些现实的问题要求高校学生事务管理工作专家具有多方面的能力和多样性的知识，这种要求也就决定了高校学生事务管理工作专家必须大量地涉猎多方面的知识，深入地思考各式各样的问题，不断地探索科学的工作方法和思路并付诸实践。其次，高校学生事务管理工作专家要对高校学生事务管理工作进行科学的研究。近年来，随着我国高等教育体制改革的全面推进和高等教育事业的快速发展，高校学生事务管理工作也进入了一个新的发展阶段。知识经济、素质教育、高校扩招和改革等诸多因素，都对高校学生事务管理工作提出了新的标准，要求高校学生事务管理工作者的理论水平、知识结构、管理能力以及思想观念跟上新形势，适应新要求，能够在工作中及时地解决新问题，取得新成效。因此，加强对高校学生事务管理工作的研究，已经成为高校事务管理工作的一个重要方面。最后，高校学生事务管理工作专家要对高校学生事务管理工作进行创新。创新是一个民族进步的灵魂，是国家兴旺发达的不竭动力。制度在创新，管理在创新，技术在创新，教育也在创新。当前高等教育面向未来，面向知识经济，全面推行了以培养创新意识和创新能力为核心、以素质教育为主要内容的教学改革。就高校学生事务管理工作而言，如何引入新思维，采用新方法，适应新形势，帮助高校学生提高思想道德品质，为学生成才创造条件，大有文章可做。

要成为高校学生事务管理工作的专家，高校学生事务管理工作者就需要在传统工作的基础上，积累工作经验，还要根据时代的发展有所创新，在日常生活中注意学习和总结。

（二）教师

教师是指担任教学工作的人员。传统意义上的教师负责“传道、授业、解惑”，而在现代化的教育体制下，教师的一部分工作是由高校学生事务管理主体来完成的。

1. 高校学生事务管理主体要从思想上对学生进行指导

高校学生事务管理工作者肩负着思想政治教育的重要使命。思想教育对当代高校学生尤为重要，它可以帮助高校学生树立正确的人生观和价值观。在大学里，高校学生事务管理工作者应以党员为核心，以党支部为阵地，通过开展政治形势教育和党团建设，采用党课、团课、知识竞赛等多种形式使高校学生了解党和国家的路线、方针和政策，树立共产主义的理想，更加清楚地认识当自己肩负的历史重任。

2. 高校学生事务管理主体要从学习的方法、态度上对学生进行帮助

学生主要以学习为主，高校学生的专业知识学习极为重要。高校学生事务管理主体可通过讲座、座谈等形式，使高校学生确立专业思想，树立为国家、为人民努力奋斗的宏伟目标，做到干一行、爱一行、精一行。

3. 高校学生事务管理主体要善于发掘学生的潜力

在学生学好专业知识的同时，高校学生事务管理工作者还必须通过第二课堂，即课外活动发掘学生的潜力，使学生们接受全面的锻炼。例如，通过举办文艺晚会、运动会、科技竞赛等活动，可以从中发现学生的兴趣爱好并加以引导，为学生提供一个展现自我、展现才华的舞台，丰富学生的课余生活。

4. 高校学生事务管理主体要做到“学为人师，行为世范”

扬雄的《法言·学行》提道：“师者，人之模范也。”对学生而言，教师的一举一动、一言一行都有直接的示范作用。教师个人的意志品质、知识才能、道德情感等，通过他们的言传身教，会对学生产生一定的影响。真理的力量是巨大的，然而真理的力量通过教师的人格示范才能得到充分发挥。因此，高校学生事务管理主体的品行示范就显得十分重要。

（三）管理者

管理是指同别人一起，或通过别人使活动完成得更有效的过程，这一过程体现在计划、组织、领导和控制的职能和基本活动中。管理者则是指挥别人的人。

高校学生事务管理主体还扮演着管理者的角色。高校学生事务管理主体的管理对象是学生，管理的目标是维持学校的正常秩序并促进学生的全面发展。高校学生事务管理主体作为管理者，主要有四方面的工作内容。首先是制订计划。高校学生事务管理主体在各个阶段都要根据学生事务管理工作的现状、资源以及外部环境制订本阶段的学生工作计划，包括党团发展计划、学风建设计划等。在制订计划的过程中，高校学生事务管理主体可以全面地分析学生所处的状态（包括思想状态、心理状态、生活状态等）、社会环境对学生的影响和对人才培养的要求等各方面因素，以此来确定本阶段的工作目标和具体措施。其次是组织协调。由于高校学生事务管理主体面对的是成百上千的学生，凭借一两个人的力量是无法达到工作目标的。高校学生事务管理主体必须建立学生参与并且学生作为主力的学生事务管理工作队伍，这支队伍由党支部、年级组组成，党支部下面有党小组，年级组下面又有班委会、团支部；通过这样一个组织结构，促进年级、班级工作和党团工作有效地开展。再次是实施领导。由于学生干部本身也有一个逐渐成长的过程，对这支队伍的领导者进行适当的督促和激励是必不可少的。随着学生走向高年级，学生特别是学生干部逐渐成熟，高校学生事务管理主体在这方面的工作可以逐渐减少。最后是运用控制。高校学生事务管理主体制订了计划，但计划是否能够顺利进行，取决于高校学生事务管理主体是否进行了有效的控制。比如，及时检查学生事务管理工作的进度和效果，督促和指导学生干部的工作，观察年级的风气，关注学生的思想动态，等等。同时，计划中设计的管理体系也需要根据具体情况加以调整和改进。

第三节　高校学生事务管理主体的职责定位

高校学生事务管理主体的主要职责有以下几点。

一、教育

（一）教育内容

教育是高校学生事务管理主体的首要任务。其基本内容包括：马克思列宁主义、毛泽东思想、邓小平理论、“三个代表”重要思想、科学发展观、习近平新时代中国特色社会主义思想，党的路线、方针、政策，世界观、人生观、价值观等理想信念，爱国主义，道德品格，校风、班风、学风、劳动、卫生、审美，心理健康等。思想政治教育的基本要求是观点要科学正确，选材要有针对性。

（二）教育形式

教育形式要做到多样性和趣味性，还要注意到经常性和反复性。除了时事政策课程外，党团活动、文体活动、社团活动、第二课堂活动、社会调查活动等都是非常重要的教育形式。开展实践活动时要努力做到面向多数，做到群众性和广泛性；还要努力做到动态性和目的性；努力为学生的成才和就业服务。

二、管理

高校学生事务管理主体所面对的工作对象人数繁多，要把他们管理好，就要在横向上建立起一个完善的管理系统，纵向上培养出一支优秀的干部梯队。横向的管理系统包括各种档案的管理，如学生党团档案、特困生档案等。具体来讲，共有以下几点。

一是学风建设工作。比如，开展学习经验交流、学习互助活动等。

二是学生基本资料管理工作。包括学生党团档案管理，特困生档案管理，奖学金、荣誉称号统计工作，就业资料管理等。

三是学生行为规范管理。

四是学生事务日常管理。比如学生违纪处理、学生突发事件处理、学生奖励评审、各类学生工作会议的组织、学生工作的协调沟通等。

五是制订学生工作计划。

六是完成领导和上级部门布置的其他工作。

三、服务

高校学生事务管理主体的工作任务和工作内容是动态的，不是一成不变的。近年来，很多高校学生事务管理工作者开始将为学生提供学习、生活和生涯发展方面的专业的服务作为自己的一项重要职责。学生也逐渐希望高校学生事务管理工作者从自己入学开始，直至自己毕业，都能够提供良好的服务，包括入学的适应服务、学习上的辅导、生活上的帮助、职业发展和生涯发展方面的辅导等。

高校学生事务管理主体要努力通过自己的服务，对高校学生的思想发挥引导作用，对高校学生的行为发挥规范作用，对高校学生的学习发挥促进作用，对高校学生的精神发挥激励作用，对校园秩序的稳定发挥维护作用，对高校学生的组织发挥领导作用。高校学生事务管理主体的服务职责至关重要。

四、开发

学生个体之间能力的发展是不同的，个体本身各方面能力的发展也是不同的。高校学生事务管理主体应当讲究育人的艺术，开发学生的兴趣爱好，让每个学生都看到自己的长处，充分显示其优点，使其体验成功的欢乐，激发其学习的自信和勇气。这里所指的开发有以下几层含义：首先，挖掘学生的潜力，提高学生的能力；其次，培养学生的兴趣、爱好。

教育环境的好坏，对正处于成长阶段的学生来说其影响是显而易见的。根据学生的兴趣爱好和特长，开展多种形式的活动，营造良好的育人环境，有利于发展学生的特长和才能，培养其优良的个性品质。

高校学生事务管理主体有着开发学生潜能的职责。具体来讲，要注意以下几点。

一是结合实际，培养特长，调动学生学习的积极性。

二是开展形式多样的集体活动。

三是以身作则，注重对学生品德的培养。

五、研究

随着社会的不断发展，高校学生事务管理主体所面临的问题也日益复杂化、多样化。高校学生事务管理主体在日常工作中会不断遇到各种新问题、新情况，因此，在进行学生工作的同时，要不断地进行思考、研究，探索解决新问题、新情况的方法。研究的主要内容有以下几点。

一是研究学生的特点。

二是研究学生工作的新思路、新方法。

三是研究新形势下的高校学生事务管理工作的发展。

第四节　高校学生事务管理主体的素质定位

高校学生事务管理主体的素质结构由以下几部分构成。

一、科学文化素质

高校学生事务管理主体要做好学生党建工作、日常教育工作以及心理健康的一般咨询与辅导，必须要具备良好的哲学基础、一定的马克思主义理论水平，还要具有较扎实的教育学、管理学、社会学、行为科学、心理学等专业知识。随着科学技术的迅猛发展以及各科文化的交流渗透，高校学生事务管理主体需要将理论与实践相结合，有说服力地回答当代高校学生在思想政治方面的各种热点问题，而且要始终坚定而有效地引导学生的思想融入社会主流意识形态，从而推进以提高学生思想政治素质为核心的素质教育。根据这一客观要求，高校学生事务管理主体一般需要经过必要培训且具有相当水平的专业知识，而且应掌握相邻学科以及横向学科的必要知识，具备较宽的知识面。

二、能力素质

高校学生事务管理主体需要具备以下几点能力。

第一，理论教育能力。从高校学生事务管理工作岗位设立的初衷以及高校学生事务管理工作者与一般管理人员的区别来看，很重要的一点在于高校学生事务管理工作者应具有理论教育功能。为实现这一功能，就需要高校学生事务管理工作者具有扎实的马克思主义理论功底和马克思主义理论教育能力。

第二，组织能力。随着精英教育向大众教育的转化，高校招生规模逐步扩大，学生教育与管理工作难度也逐渐提高，这就要求高校学生事务管理主体具备较强的组织与管理能力，以应对学生的新要求以及高校学生事务管理工作的新任务。

第三，表达能力。高校学生事务管理主体在实际工作中，经常要撰写各种报告，在学生中演讲，或召开各种类型的学生会议，与学生交流、谈心，等等，这一切都离不开较强的口头表达能力及书面表达能力。

第四，沟通能力。高校学生事务管理主体是面向学生、面向生活、面向问题的，因为无论是解决学生的思想困惑，还是提高学生的思想觉悟，都离不开“春风化雨”“润物细无声”的情感与思想交流，更离不开强有力的沟通与配合。这就要求高校学生事务管理者具备较强的沟通能力。

第五，研究能力。现如今科技迅猛发展，知识量剧增，知识更新速度加快，而以教师身份出现在学生面前的高校学生事务管理主体，要用知识的力量去感召学生，潜移默化地培养学生学习的兴趣和能力。同时，高校学生事务管理工作经常出现新问题、新动态，高校学生事务管理主体只有进行深入的调查研究才能把工作做好，使经验上升到理论，用理论指导实践。这就要求他们必须具备一定的研究能力。

第六，咨询能力。就目前高校学生的心理健康现状以及他们在生活中遇到的诸多问题而言，提高学生事务管理工作者的咨询能力已是当前形势下做好高校学生事务管理工作的必然要求。

第七，操作能力。高校学生事务管理作为一种应用性很强的工作，要面对诸多实际问题，这就需要高校学生事务管理主体具备较强的实际操作能力，如公文写作、计算机操作、规划设计等。

三、身体素质

高校学生事务管理主体承担着繁重的学生教育、管理与服务工作，他们的劳动兼有脑力劳动与体力劳动相结合的特点，经常需要高强度地“连续作战”，有时甚至需要牺牲晚上休息或节假日休息的时间。要做好如此繁重的工作，就必须具有健康的身体、旺盛的精力，掌握体育基本理论知识和生理卫生知识，养成锻炼身体的良好习惯和生活秩序，对自然环境有较强的适应能力。

四、心理素质

心理素质指良好的个性特征。高校学生事务管理是一个双向互动的过程，高校学生事务管理主体与学生客体之间存在着两条信息回路：一条是信息系统回路；另一条是情感与心理信息回路。这两条信息回路是彼此依存、相互影响的统一体，它们从不同方面对整个高校学生事务管理过程施与重要影响。高校学生事务管理主体具有良好的个性心理特征，是顺利完成高校学生事务管理工作任务、达到育人目标的重要保证。一个合格的高校学生事务管理主体应具备高度的责任感和事业心、坚强的意志和良好的情绪特征、开朗的性格和乐观的精神、豁达的胸怀和真诚的态度，并且能够运用教育学、心理学、管理学等知识，按照高校学生事务管理工作的规律和学生客体的身心特点、成长规律，组织学生活动，开展高校学生事务管理工作。

第四章　高校学生事务的管理与服务

第一节　高校新生辅导与宿舍管理

一、高校新生辅导

高校新生辅导又称高校新生入学教育，这是大学生涯的第一课，每位新生进入大学校园，首先就要经历半个月到一个月甚至更长时间的入学教育。

（一）高校新生辅导的目的和内容

高校新生辅导的目的，就是让新生了解大学，了解学校，了解专业，转变观念，调整方法，确立目标。根据这一目的，高校新生辅导的内容概括起来有四项：一是使学生了解大学的特点，了解学校及专业的特点，这是专业思想的教育。二是安全教育，对刚走入大学校门的新生来说，由于学习及生活环境的改变，初次远离家乡及父母，安全问题尤为重要。三是使学生明确学校的各种规章制度及国家、社会对高校学生的要求；明确哪些是该做的，哪些是不能做的，这是法纪观念教育。四是使学生明确自己应怎样充实自我，提高自我，完善自我，这是人生理想的教育。

1. 专业思想的教育

开展专业思想的教育之前，需要先为新生介绍一下：和中学相比，大学的特点有哪些；需要做哪些思想准备；还有学校概况、培养目标、专业背景与发展前景等。具体操作上，可以安排校长出席开学典礼，为新生介绍学校及学院的发展历史、社会地位、师资设备、教学科研情况以及毕业生的发展前景；也可以安排院级领导及专业教师出席新生见面会，为新生介绍专业课程的设置、本专业的师资队伍、专业人才的贡献等。

通过专业思想的教育，可以让学生打破中学时的思维定势，改变学习习惯，从而使新生养成爱校的心理观念，并逐步树立起牢固的专业思想。

2. 安全教育

高校学生的安全教育主要包括四个方面：一是人身安全教育，二是交通安全教育，三是财物安全教育，四是消防安全教育。

（1）人身安全教育。人身安全至关重要，需要教育学生时刻注意。对刚步入大学校门的新生来说，一切都是新鲜的，又是陌生的，很容易产生危险。因此，要教育新生不要在晚上离开校园，不要参与帮派团伙，最好结伴离开校园，跟校外陌生人来往要谨慎，等等，以确保自己的人身安全。

（2）交通安全教育。到了新环境，同学们都想对学校所在的城市有更多的了解，往往同学之间、朋友之间会组织郊游，交流感情，畅谈感想，增进友谊，于是自然地要跟交通工具打交道。但根据以往高校学生发生的交通事故来看，有许多交通工具存在私营、陈旧的问题，出事地点多发生在偏僻、险峻的路段，还有的是在严重超员的情况下发生的。代价是沉重的，教训是深刻的。因此，交通安全教育要教育新生不要租用私人车辆到去远处游玩，也不得超员用车。更重要的是要实施并落实请示制度，在安全措施得到保障、得到老师批准的情况下才能外出郊游。

（3）财物安全教育。随着生活水平的提高，现在的大学新生可支配的资金更加充裕，购买的物品质量也更好一点，这就容易惹来一些不法分子的注意。因此，财物安全是安全教育的重要内容之一。具体应注意以下几点：第一，财物不该外露，大额现金应存入银行。第二，所用物品不宜太贵重，学生时代所用物品应以“物美价廉”为消费原则。第三要注意关好门窗，做好基本的防范工作。

（4）消防安全教育。常言道：“水火无情。”从目前一些学校发生的火灾案件来看，学生宿舍常常存在一些隐患，一旦发生火灾，后果将不堪设想。火灾的发生往往跟学生的麻痹思想和不遵守学校安全规定有关。有些火灾案件的原因是学生私接电源，甚至电线经过床铺；有的是使用大功率的电器，忘记关闭电源；还有的学生是在宿舍使用易燃易爆的酒精、液化气做饭。另外，还有学生是因为在宿舍吸烟未将烟头熄灭，随手乱扔杂物而导致的火灾。因此，需要教育新生既要有消防意识，也要懂消防常识，一旦发生意外，首先应切断电源，扑灭火苗，火势过大则要立即报火警，准确报告事件发生的时间、地点及火灾程度，并要迅速疏散人群。

3. 法纪观念教育

“没有规矩，不成方圆。”“家有家规，国有国法。”这些格言都说明规章制度的必要性和法纪观念教育的重要性。对学生进行法纪观念教育，就是使学生树立法纪观念，知道哪些事情可以坚定不移地去做，哪些事情坚决不能参与，使其树立是非意识和全局观念。新生经过了紧张的高考，终于进入了梦寐以求的大学校园，心里往往会有一种满足感和优越感，很容易产生一种放松的思想，认为大学主要靠自我管理和自我发挥，可以我行我素，为所欲为，如此一不注意就会违反校规校纪，甚至会违反国家法律。大量违法犯罪案件的发生，均始于违法犯罪者不能严格要求自己，法纪观念淡漠。

因此，对新生进行法纪观念教育是高校新生辅导的重要内容。可通过给同学做法治报告，讲解《普通高等学校学生管理规定》《中华人民共和国高等教育法》《中华人民共和国教师法》等法律法规；同时结合一些典型事例来教育，以案说法，以事论理，可以对学生的教育起到更好的效果。对新生进行法纪观念教育还可以促进良好学风的形成，使学生的学习更严谨，作风更扎实，思想更进步。

4. 人生理想教育

人生理想教育就是对学生进行人格教育，告诉学生如何树立起远大的理想抱负，并为之奋斗；告诉学生学会认知世界，学会做人，学会合作，学会生存。通过安排这样的高校新生辅导，新生对大学就会有一个初步的概念，不再陌生，不再彷徨，从而树立信心，鼓起勇气，以一种积极、健康的心态投入今后的学习和生活当中。

（二）高校新生辅导常用的方法

1. 宣传教育法

宣传教育法就是在新生辅导过程中采用多种形式与手段，向广大新生宣传我国的历史和国情、学校的价值观念、办学目的以及相关政策，让广大新生了解大学结构、社会环境、规章制度、学科特点，以及各种办事程序，使新生尽快适应大学生活。通过教育引导，尽快使新生树立起成才意识、法纪意识、母校意识、安全意识，以及科学意识，明了自己的发展方向和目标。常用的做法包括制作专题网站、出版各种宣传手册及报刊，以及举办各种报告会，等等。

2. 咨询辅导法

咨询辅导法是指通过语言、文字等媒介，给新生以帮助、启发和教育。通过咨询辅导，可以使新生尽快适应大学生活，帮助使其解决其在入学过程中所遇到的困难和问题，从而使其更好地适应环境，保持良好的精神状态及身心健康，走好大学的第一步。常见的咨询辅导的内容有新环境的适应及调整、专业选择及职业规划、学习方法及技巧、人际关系、生活自理，以及心理调适，等等。

一般常用的咨询辅导形式有：（1）直接咨询。教师对有问题的新生进行面对面的咨询辅导。（2）电话咨询。采用电话的方式对新生所提出的问题进行解答，并给予忠告、劝慰。学校还可以设立一个热线电话，回答新生的各种问题，以提供帮助。（3）网络咨询，借助网络及时互动或建立专题网站展开对新生的援助。

3. 外展训练法

为了帮助新生尽快适应大学生活，尽快度过“心理危机”期，在新生入学过程中，可以采用实地参观学习、举办新生训练活动等多种方式，让广大新生适应新的角色，适应新的环境，实现从中学生向大学生的转变。外展训练法就是一种有效地让新生通过自身的体验和感悟来实现转变与适应，达到“知”与“行”的统一的方法。这就要求高校学生事务管理工作者不仅要传授知识，还要让学生学会自我学习、自我调整、自我适应的方法，从而实现个性化的指导与服务。

（三）高校新生辅导应遵循的原则

1. 德育工作与具体工作紧密结合原则

按照“教书育人，管理育人，服务育人”的要求，及时改变陈旧的教育管理方式、方法，寓德育于各项具体工作之中，并正确处理好教书与育人、传授知识与培养能力、人格塑造与专业培养等方面的关系，坚持以人的全面发展为本，注重对新生人格、品质、个性、知识、技能的培养，促进他们身心的协调、健康发展，坚决反对脱离具体工作的“德育”。

2. 思想教育与关注实际紧密结合原则

要将为新生办实事和解决实际困难作为新生辅导员开展工作的原则。既讲道理，又办实事；既有理论，又有实践，及时了解新生在学习、工作和生活中存在的实际问题和困难，在加强新生思想教育和强化引导的同时，积极创造条件，帮助新生解决他们关心的实际问题，从而提高新生辅导员在新生心目中的地位和威信。

3. 严格管理与人性服务紧密结合原则

在新生适应大学生活的过程中，要及时发现他们存在的不足，充分激励他们积极向上，让新生在新的环境里得到理解、帮助、关心和指导，同时使他们获得感情上的安慰。这样，新生辅导员更容易赢得新生的信任。

4. 主体统一和个体区分紧密结合原则

新生作为拥有一定文化知识和道德涵养的青年，具有主体独立、主体自觉、主体能动的内在特性，德育工作需要触动其灵魂进而促成其“自律”。正如苏霍姆林斯基说的：“道德准则只有当他们被学生自己去追求并亲身体验的时候，只有当他们变成学生独立的个人信念的时候，才能真正成为学生的精神财富。”① 所以，新生辅导员应注重引导新生做学习、生活、实践和自我评价的主人；同时，对特别的个体要努力做到因材施教。

5. 针对性和灵活性紧密结合原则

在新生群体中，由于个人经历、家庭背景、所处环境等因素的不同，必然会出现思想道德水平和个人修养境界的差异，新生辅导员应从实际出发，做到教师主导作用和学生主体作用相结合、树立正面典型与吸取反面教训相结合，达到针对性和灵活性的总体协调。同时新生的认知过程也是一个动态的发展过程，这就要求新生辅导员时刻坚持动态性原则，针对性与灵活性紧密结合，从而更好地开展学生思想教育工作。

二、高校宿舍管理

校园的宿舍生活可以间接地影响学生的成长。在宿舍里同学们朝夕相处，大家需要彼此了解，彼此学习与进步，宿舍就是他们学习与生活的固定场所。学生们能够在不知不觉中不断地提升个人在精神意识层面上的水平，实现自我的不断完善。因此，高校宿舍管理又称“隐藏的课程”。

能够肯定地说，宿舍是高校学生心灵成长的修炼地，也是高校学生集中生活与进行心灵交流的重要场所，能对高校学生心理发展起到最为直接的作用。所以，宿舍既是高校对学生展开全方位的思想教育以及培养高水平人才的关键阵地，又是高校思想政治工作的高效渠道与关键的组成部分。

可以说，高校宿舍管理对高校的管理工作提供了最为基本的经验与指

① 林黎华 . 基于教育生态学理论的高中思想政治课生态教学 [M]. 广州：广东高等教育出版社，2015：117.

导，是高校管理工作的重要组成部分。正基于此，借助对高校宿舍管理的全方位的调研，不断发展问题，并从问题当中总结经验教训，寻找一些管理方面的规律，便于日后工作的顺利开展。此类想法与建议对强化高校学生素质教育与高校的思想政治教育具有极为深远的意义。

（一）高校宿舍管理概述

1. 高校宿舍管理的内涵

高校宿舍管理主要是指在高校宿舍内部，以促进学生的全面发展为宗旨，按照规定的管理模式与规章制度，对高校学生的语言、行为乃至思想进行相关的管理与约束，从而便于学校对学生的管理与教育，形成良好的环境与氛围。高校宿舍管理工作是高校管理工作当中的重要一环，它对提高学生的道德修养、培养学生高尚的情操等都有重要的作用，可以促进学生身心的健康成长。

大学四年的生活，使这些高校学生从青葱少年变为成熟青年。从某种程度上来说，高校宿舍管理是高校学生成长过程中的重要一环。在这个过程中，无论是在日常生活方面还是在思想方面，高校学生都会发生一定的变化。在大学四年的生活当中，高校宿舍管理的好坏对学生健康思想及正确三观的形成都起到了至关重要的作用。因此，高校宿舍管理工作应当引起相当程度的重视，加强平日里的管理工作，及时了解学生们的思想，并给予正确引导。

2. 高校宿舍管理的特点

高校宿舍管理从实质上来说，具有以下几个鲜明特点：

（1）教育性。高校宿舍管理的教育性是由大学的教育属性所决定的。大学就是一个从知识层面、思想层面、行为层面等多角度塑造人才的地方。在大学当中，学生们除了上课，其余大部分时间都是在宿舍当中度过的，学生的某些思想和行为都是在宿舍日常的点滴中逐渐形成的。高校宿舍就是这样一个聚集交往、学习、生活等功能的场所，因此也是教育学生的重要场所，高校宿舍管理具有显著的教育性。

（2）先行性。高校宿舍管理的先行性体现在学校在确定年招生规模时，首先需要考虑的是学生宿舍的整体情况。因此说高校宿舍管理工作应当作为学校各项工作的基础与前提，具有先行性。

（3）服务性。宿舍是学生四年大学生活的主要活动场所，在这个过程中难免会出现各种各样的问题需要他们去处理与解决，这就不可避免地出现为学生服务的情况。因此，高校宿舍管理工作从某种程度上来说，具有一定的服务性。

（4）综合性。高校宿舍是一个活动与休息共存的场所，学生在这里既可以学习、睡觉，也可以与他人交往；这就会涉及与生活息息相关的各种事情，如卫生情况、安全情况、情感问题等，因此说具有一定的综合性。

（5）周期性。大学本科生一般是四年制的学制，专科生通常是两年制的学制。不同的学历层次需要接受相应学制期限的教育，因此宿舍这个学生经常活动的场所，也就具有了一定的周期性，这一特点为宿舍的管理工作带来了便利的条件。但周期性也极容易因为重复而让人感到厌烦，对潜在的问题习焉不察，认为没有任何值得研究与学习的价值，这就严重影响了工作的进展。所以，高校宿舍管理人员应不断总结工作经验，提高其服务质量与水平。

3. 高校宿舍管理的内容

具体来说，高校宿舍管理的内容包括以下几点。

（1）对学生宿舍安全问题的管理。安全问题是高校宿舍管理工作中最需要重视的问题。用水、用电问题是高校宿舍管理中一个需要长期关注且频繁关注的问题，用电安全涉及学生人身与财产的安全，尤为重要。

（2）对学生作息起居的管理。作息起居管理是学生日常管理工作中的一部分，具体涉及几点起床、几点熄灯、几点睡觉，以及其他集体活动的秩序管理等。

（3）思想道德宣传工作。高校宿舍是学生们集中生活、学习与交往的场所，其中难免会发生一些不愉快的事情，这时就需要高校宿舍管理人员对这些学生进行思想道德教育方面的工作。

（二）宿舍在高校育人中的地位

宿舍是学生在校园里生活与学习的主要场所，人与人的交往在这里实现，许多陋习与缺点也会在这里暴露出来。宿舍在高校育人中的地位有以下几点。

1. 宿舍是高校学生养成文明行为的重要场所

大学可以帮助高校学生提前做好步入社会的准备工作，作为大学中生活与学习的主要场所，宿舍是培养学生综合素质养成的关键场地。因此说，宿舍是高校学生养成文明行为的重要场所，在高校学生的成长中起到了不可磨灭的作用。

2. 宿舍是高校学生学习人际交往的平台

高校学生在大学不仅要学习文化知识，还要学会如何与人相处、如何正确地处理各式各样的难题，这都是高校学生步入社会参加工作之后需要具备的关键能力。所以，只要进入大学里，就要学会如何与不同的人打交道，获取社会经验，这对高校学生而言至关重要。

3. 宿舍是高校学生个性发展的摇篮

大学是帮助高校学生树立正确价值观、人生观与世界观的地方，正确三观的形成对高校学生在今后社会中的发展具有无可取代的重要意义。人要想成为一个完整的个体，除了需要拥有共性之外，还需要具有个性化的一面，只有这样个体的才能与才华才可以得到充分的体现与展示。宿舍是学生们最为自在与放松的地方，他们可以在这里自由地展示自我，获得被肯定与被需要的感觉。因此，宿舍是高校学生发挥自身主观能动性、发展自身个性的理想场所。

4. 宿舍是高校学生心理调节的驿站

在大学里，宿舍就像是学生的一个家，床铺就是自己的小天地。在这里学生们可以尽情地将自己的情绪进行宣泄。当考试成绩不理想而情绪低落、某些科目太难理解而倍感压力的时候，学生就可以躺在自己的床铺上听着音乐对自身的压力进行缓解。

5. 宿舍是对学生进行思想教育的第二课堂

宿舍是一种相对轻松且自由的活动场所，学生一般都会心情愉快、言行随意、自由放松，思想在这时是最为活跃的。同学们之间的思想容易彼此吸收，他们也会相对真实地表现出各自的道德素质。大学取消以往的固定教室授课方式，采取走班制的教学方式后，高校学生的宿舍已经变成班主任与辅导员了解学生、接触学生，做好其思想工作的重要场所。同时，宿舍也是最能够体现新时代高校学生精神风貌的场所，也是对其进行思想政治教育工作的重要宣传阵地与第二课堂。

（三）高校宿舍管理的意义

高校宿舍管理是思想政治工作与德育教育的关键组成部分，对高校学生的健康成长起着极为重要的作用。高校宿舍管理的意义可概括为以下几点。

1. 高校宿舍管理是高校德育管理的重要内容

大学作为塑造人才的地方，应当始终坚持社会主义办学方向，培养有理想、有道德、有文化、有纪律的社会主义建设者与接班人，促进学生德、智、体、美、劳全面发展。宿舍是学生们四年大学生活当中活动最为频繁的场所，也是高校学生较为自由与放松的地方，在宿舍的时候其状态也是最为真实的。一个深具社会主义道德素质与意识的学生，通常能够斗志昂扬，努力实现自身的全面发展，以便更好地为大众服务。所以，德育教育尤为重要，是校园建设工作的重中之重，国家的教育方针也始终将德育工作放在首位。总而言之，德育工作的首要地位必须体现在校园工作的方方面面。只有真正地意识到德育建设的重要性，才能够在高校宿舍管理中长期地坚持德育工作。

2. 高校宿舍管理是高校实施思想政治教育的重要手段

思想政治教育工作在高校中非常重要。作为高校学生集中活动的场所，宿舍中的思想政治管理工作也显得尤为重要，它既是高校各项管理工作的基础，也是高校思想政治工作的关键一环，同时还是一项极其复杂且艰巨的系统性工程，其重要性对高校学生的发展来说不言而喻。但需要注意的是，在大学中，高校宿舍是一个事故多发的场所，应将其归入思想政治教育的工作中来，并给予高度重视。思想政治教育工作需要及时掌握学生的实际情况，对违纪的行为要及时给予制止。

3. 高校宿舍管理是高校学生养成文明行为的重要保证

高校宿舍管理，从表面上看仅仅是对纪律、物品以及卫生的管理，实质上是对人的管理、对学生的管理。学生管理好了，宿舍的纪律与卫生也就更加容易管理了。所以，应以学生为主体，引导学生具备一定的主体意识，之后的管理工作便更容易展开。然而，总会有一部分学生不能很好地进行沟通，做出违反校规甚至触犯法律的事情。所以，高校宿舍管理应当在平时就采用各种规范以及规章制度，严格要求学生的言谈举止，促使其形成良好的习惯，养成文明的行为，便于日后对其优秀品德的培养。

第二节　高校班集体建设与学生资助

班集体作为校园系统中的小组织，其发展与建设需要建立在良好的外部环境基础上，同时也需要其他与班集体关系密切的组织和人员的指导与协助。

高校的管理层是高校得以健康发展的重要"掌舵人"，其专业素养、管理水平、认知能力与领导到能力是促进高校各项工作得以顺利开展的关键因素，是促进高校教育事业健康发展的关键保证。辅导员、班主任是高校班集体建设中的参与者与直接引导者，是高校学生得以健康成长的知心朋友与人生导师。此外，任课老师的综合素质直接影响着高校学生文化素养的培养，也在很大程度上决定着高校班集体建设。同时要注意的是，家长的一言一行、一举一动也在潜移默化地影响着学生。

高校班集体与中小学的班集体有所区别，其独特性表现在其功能方面。现依据高校学生的特点、高校教育的任务、社会的变革的特点等，将高校班集体的功能概括如下。

第一，高校班集体具有思想道德和心理健康教育功能。高校担负着培养我国社会主义现代化建设合格的建设者与接班人的关键使命。社会主义事业的接班人不仅需要具有良好的思想政治素质，还需要具备较高的科学文化素养。高校班集体有它的独特性，可以组织开展团日活动、主题班会，最大程度地利用红色文化资源与传统节日，开展高校学生思想的思政教育工作。除此之外，日益激烈的竞争造成高校学生的心理压力日益增大，高校学生的心理问题严重影响其健康的发展与成长。高校班集体在解决学生心理问题方面具有优势条件。首先，它能够发挥心理委员的作用。他们与班级里的其他同学有着最为密切与频繁的互动，其对班级小组内的成员心理情况有着较为全面与精准的把握与了解。其次，它能够起到辅导员与班主任的作用，不断鼓励他们在与其他学生相处与沟通时，了解、关注并跟踪其心理情况。综上所述，高校班集体能够最大程度上发挥心理委员的优势，建立起其与辅导员、班主任的双向沟通机制，第一时间报告班集体成员的心理发展状况，做好治疗与预防工作。

第二，高校班集体具有促进学生个性化发展功能。个性化主要是指人的个性的形成与发展。班集体有助于促进学生个性的发展。学生独特的个性通常体现在爱好、气质、兴趣与性格等方面。学生独特人格的发展不只受到先天遗传因素的影响，还会受后天的教育与环境的影响。高校班集体可以借助不同的活动为学生个性的发挥提供舞台，如文化体育活动、科技活动、志愿服务活动、社会实践活动等，促进学生的个性向着更加多元化的方向发展。

所以，高校班集体应当重视并积极策划各类班级小组的活动，尽最大可能地使学生发挥其个性，充分地施展各种各样的才能。同时，高校班集体活动还有利于发掘学生的个体创造潜能。个体的创造力是其独特性与主体性的综合展现，是个体在具体活动当中所必备的重要心理素质。高校班集体不仅会为学生创造性的发展提供肥沃的土壤，还会借助组织各类集体性的活动为其创造各种机会，促使个体的创造性潜能获得更好的发挥。

第三，高校班集体具有促进学生社会化发展功能。所谓的社会化主要是指某个人在不同的条件影响之下，从一个自然人成为为一个社会人的发展过程。社会化是其融入社会大集体的必经阶段与重要途径。决定个体社会化的原因有很多，如个体条件、家庭、学校等。对高校学生而言，班集体是推动其实现社会化的关键平台与资源。

高校班集体既是学生学会适应社会生活，培养责任感的摇篮，同时也是学生了解与认识社会，实现社会化的最小单位。其一，班集体建设的具体活动、目标、规范的开展等均需要与社会需求相吻合，并需要就社会需求的发展进行适当的调整与改变；在此过程中，高校学生借助在班集体这一特殊环境下的学习交往与活动，慢慢实现由自然人向社会人的转化。其二，教育方针借助社会对于人才的培养需求来进一步明确教学质量评价标准、教育目标以及规定教育内容，并且将其渗透进高校班集体建设中去。与此同时，教育者依照一定的教育方针，借助有组织、有计划、有目的的活动，将正确且合理的科学文化知识、行为准则与社会规范、思想价值观念传递给学生，使其获得应有的知识技能、行为习惯与价值观念等，并且形成和社会相一致的价值取向，从而在能够在今后更好地融入社会中去，履行他们的社会职责。

第四，高校班集体具有服务功能。学分制的改革减少了高校学生在固定班级学习的机会，增加了他们的流动性。同时，高校后勤管理的社会化，使得班级内的学生在一起的时间减少。在这种情况下，班集体可以充分利用现有的条件，班主任和辅导员选择一个相对固定的地方作为集体信息转移中心，使信息传达准确和及时，让学生能够随时了解学校的科研、学术、管理等方面的信息，以便做出合理的选择和安排。此外，学生对学校各方面的意见、建议和要求也可以通过班集体及时、准确、全面地反馈给相关部门，使学校和各管理部门能够满足学生的合理需求，有效解决学生的顾虑，让学生从内心感到对班集体的依赖。特别是班级小组可以关注家庭困难学生的学习和生活，及时收集信息，建立体系，安排勤工俭学和教学实践活动，有效服务师生，为学生解决实际问题。

第五，高校班集体具有组织协调功能。高校班集体在教育、教学和管理过程中的组织协调功能主要表现在：其一，规章制度的影响作用。高校班集体的制约与影响是思政教育的完善与补充，可以培养学生的严谨学风、文明礼貌、遵纪守法的良好习惯。其二，牢固的纽带作用。高校班集体的发展与校园各个职能部门的支持与全体成员的团结密不可分。班级小组能够将成员内部彼此联系到一起，形成合力，促使每个成员均可以为集体的共同荣誉与目标努力，在外部还能够增强其与校园其他部门间的联系，做到信息的及时传递。其三，共同目标的激励作用。高校班集体并非简单的个体相加，而是在此前提下汇集团队智慧的综合体。团队中的每个成员均有着自己的梦想与方向，所有人的追求将会形成一个群体共同的奋斗目标。高校班集体拥有一个共同目标，就能够形成巨大的凝聚力，不断推动其向着更加积极的方向持续发展。

二、高校学生资助

（一）高校学生资助的基本概念

高校学生资助工作，是国家高度重视的民生工程，是社会普遍关注的民心工程，这一工作直接关系到高等教育事业的发展，关系到广大人民群众的切身利益，关系到社会主义建设的全局。

高校学生资助在狭义上是指国家在高等教育阶段颁布实施的国家助学贷款、学费减免、国家助学金、国家励志奖学金、勤工助学、国家奖学金、师范生免费教育等一系列有关的规定与政策；广义上是指国家、政府以及社会上的企业单位、团体或个人对经济困难的学生集体和个人提供的一种社会帮助和社会保障①。还有学者将高校学生资助定义为：由公立和私立机构、组织和院校提供多种贷款、补助金、工作机会、奖学金等来帮助学生支付其教育费用的行为。

中华人民共和国成立初期，我国的高校学生资助主要是指“免费上高校”加“人民助学金”；随后，出现了改革“人民助学金”和“人民奖学金”这两种资助模式。随着国家的发展和人民生活水平的提高，我国的高校学生资助从 1986 年开始向贷学金的方向发展。随后，一种间接的社会资助也逐渐融入高校学生资助中来，这种社会资助主要是指社会单位、机构或个人向

① 张明敏 . 高校学生资助工作的可持续发展研究 [J]. 科教文汇，2010（1）：171-172.

高校生群体或学校提供经济资助，比如为高校生拨款、建造宿舍、配备医疗服务等。到 21 世纪，我国的高校学生资助除了上述的经济资助形式外，素质培养也开始被广泛关注。目前，我国的高校学生资助主要形成了以“贷、奖、勤、助、补、减（免）”为主要形式，以“扶贫、助学、励志”为目标的综合资助育人体系。

（二）建设高校学生资助体系的重要意义

高校学生资助作为社会救助的重要项目之一，与社会保险、社会福利、社会优抚、社会保障等共同构成了我国的社会保障体系。高校学生资助对于促进教育公平、维护社会稳定具有重要的作用，其意义具体体现在如下方面。

1. 建设高校学生资助体系是构建和谐社会的重要举措

教育是提高人民科学文化水平和思想道德素质的基本渠道，是构建和谐社会的重要举措。建立和完善家庭经济困难学生资助政策体系，有效减轻家庭经济困难学生的教育负担，帮助困难家庭解决子女的教育问题，是维护最广大人民的根本利益、构建和谐社会的重要举措。

2. 建设高校学生资助体系是维护教育公益性和公平性的必要手段

教育不仅是国家和民族兴旺发达的基础，还关系到广大人民群众的利益。国内法律已经明确规定教育具有一定的公益性，这也是由教育的根本属性决定的。党中央始终把教育摆在优先发展的战略位置，将促进教育公平作为国家基本教育政策，反映了国家对教育的重视。当然，为了保证教育的公平发展，有必要保证家庭经济困难的学生能够接受教育，不能让他们因为家庭经济困难而辍学，确保家庭经济困难的学生能享有平等的接受教育的权利，逐步实现教育的公平与公益。

3. 建设高校学生资助体系是引导学生报效祖国、服务人民的重要途径

随着社会经济的发展和科学技术的进步，多元文化思想日益影响着在校学生。在这种情况下，国家对广大家庭经济困难学生的关心和关爱，一定会让学生感到温暖，起到积极的作用。受这积极的影响，大多数青年学生将更加热爱我们的祖国，支持党的领导，更容易有意识地将自己的前途与国家的命运紧密联系在一起，努力学习，成为一名合格建设者和可靠接班人。

4. 建设高校学生资助体系是帮助学生实现自身价值的重要方式

高校学生资助能帮助学生实现自身价值，它为学生提供了一个适宜发展的环境。这种环境有两层含义：一是满足学生自身发展的基本需求，即为学

生提供学费和生活费，让学生安心地学习，不断挖掘自身潜能，顺利成长为符合社会需求的人才；二是为学生提供参与实践的机会和平台，提高学生的综合能力。例如，学生参与勤工俭学等活动，可以使学生理论联系实际，同时提高组织能力、沟通能力和工作实践能力，得到有效的锻炼。学生在为他人或集体做出贡献的同时，也会意识到自己的价值。

第三节　高校心理健康教育

一、高校心理健康教育相关概念界定

（一）心理健康的定义

心理健康是反映个体健康水平的关键因素，是身体健康的关键指标。在物质相对匮乏的时期，大家的主要生活目标是满足日常的物质生活的需求，确保身体健康。伴随生活水平的不断提高，物质生活越来越丰富，更多的人开始关注个体心理健康，心理健康教育成为现代医学当中不可或缺的一部分。

心理学是当今社会的研究热点，主要关注的是人的心理健康状况。心理学与生理学特征不同，心理学具有一定的社会性，它涉及社会交往等多个方面。心理现象是心理学研究中比较普遍的现象。通过对心理现象的研究，可以更好地揭示规律性的心理学理论，逐渐形成具有指导价值的心理学知识。

心理健康的定义包括两个方面的内容：（1）指心理健康状态，个体处于这种状态时，不仅自我情况良好，而且与社会契合和谐；（2）指维持心理健康、减少行为问题和精神疾病的原则和措施。心理健康还有狭义和广义之分：狭义的心理健康，主要目的在于预防心理障碍或行为问题；广义的心理健康，则以促进人们心理调节、发展更大的心理效能为目标，也即使人们在环境中健康地生活，保持不断地提高心理键康水平，从而更好地适应社会生活，更有效地为社会和人类做出贡献。①

① 江立成，兰文敏，等．大学生心理健康教育 [M]. 合肥：安徽人民出版社，1998：6.

（二）高校学生心理健康教育的含义

心理健康是健康的关键指标之一。健康不仅包括生理方面的健康，还应当包括心理方面的健康。曾有此类专著提到把心理健康定义成个人心理的最好状态，但问题在于没有一个完全适用于每个人的状态标准，也没有对最好状态的精准描述。心理健康更多的是一种意识层面的表现，是跟不健康的心理状态相对应的。个体不同，对于心理健康的诉求也不同。

高校学生心理健康是一个涉及高校学生群体的心理学研究领域，通常需要从情感、学习、人际交往、生活、个人发展等方面进行考量与评估。高校学生心理健康教育旨在帮助学生更好地了解自己，调整自己的心理状态和思想活动，从而更好地开发自身潜能，提高自己的心理素质。高校学生心理健康教育作为高校教育工作的一部分，需要有专业的心理教师资源。同时，要明确教育形式和教学对象，以保证高校学生心理健康教育的有效性。

从教育内容上看，高校学生心理健康教育可分为实践教育与理论教育两部分。高校心理健康教育的相关政策要求高校要配备心理教育和心理健康咨询人员。大学时期是一个生活和学习相对自由，同时又将步入社会的过渡时期。这一阶段学生的心理状态在某种程度上凸显出其心理素质与融入社会之后的心理状况。所以，重视高校学生的心理健康至关重要。高校学生较容易出现心理方面的问题，与此同时又极易被各类事件与情绪所困扰。对高校学生的心理健康教育应从如下方面进行。

第一，重点对高校学生中经常存在的心理问题进行指导。高校学生通常存在一些想法与观念亟需纠正，针对高校学生存的各种心理问题，要及时并有针对性地运用专业心理知识加以疏导与解决。

第二，加强心理健康教育方面的宣传。具体来说，就是对高校学生的心理健康问题予以重视，与此同时，也要让对高校学生重视其自身的心理健康，并且采取一定的措施并付诸行动。

第三，高校学生有不同的人生背景，在大学生活当中也会有不同的经历，这些都是造成个体形成独特心理特点的原因。因此，高校学生的心理健康教育既存在个体差异同时又存在一般规律与普遍现象，应当借助不同形式的心理疏导与教育，来解决学生多元化的心理问题，帮助其实现更好的发展。

第四，提高高校学生心理健康教育的质量。要从师资力量、教育模式与教育内容等方面不断做出努力，使学生的心理状态保持稳定，与此同时，及时发现学生出现的心理问题，并进行纠正与指导。

（三）高校学生心理健康的标准

高校学生的心理状态通常不够稳定，存在各种不成熟的表现，极易出现心理方面的问题，因此，应当帮助其实施自我心理健康评估，设立一个心理健康的标准并为之努力。

1. 智力正常

智力水平是衡量心智发展状态最重要的标准，也是评判心理健康程度的标准之一。可以进入到大学的学生，通常智力水平是没有问题的。对于智力的评分标准，大多数学者指出，智商水平达到 80 分以上，足以满足日常工作与生活所需，同时也具有自我提升与自我学习的发展空间。

2. 情绪健康

情绪是衡量心理稳定程度的关键指标。情绪健康的个体可以调节自身的心理变化，不会因为情绪对自己造成负面影响。心理健康指标不达标的个体容易出现“过于悲伤”“过于激动”等极端情绪。积极的情绪是确保生活与学习的关键要素。大学毕业生在面对从大学环境到工作环境的变化时，具备情绪调节能力极为关键，只有这样才可以适应外部复杂的环境变化，并做出正确的回应。

3. 意志健全

意志健全表现在个体的心理稳定性方面。意志坚定是成功的必备素养。意志脆弱的人也极易失去对情绪的掌控，表现得过于偏激。此类心理方面的问题多由不健全的意志力导致的。因此，需要把健全的意志力当作心理健康的重要标准。

4. 人格完整

人格是展现人与人之间差异的关键特征。一个健全的人格是处理各项工作与生活问题的关键能力，是心理健康的关键标准。

5. 自我评价正确

自我认知与自我评价是进行心理认知的关键方式。只有正确地认识自我，才可以立足当下，确定自身努力的目标与方向，并知晓自身的长处与短处。自我评价需要建立在正确的自我认知之上，是个体既不傲慢也不谦虚的前提。

6. 人际关系和谐

人际关系是作为社会人的根本素质。不管是步入社会还是在校生，均需要具备与人沟通交流的能力，要在人际交往中与人达成和谐相处的状态。除此之外，和谐的关系也能够促使高校学生主动参与班级与社团活动，进而更好地融入集体，发挥自身优势，做出应有贡献。

7. 心理行为符合年龄特征

生理年龄与心理年龄存在着对应的关系，若是生理年龄与心理年龄间存在差异，容易引起各种问题。高校学生的行为应该符合年龄特征，如，应该有正确的价值观、社会责任感与人生观。

二、高校心理健康教育的对策

（一）完善高校心理健康教育课程内容

1. 保障心理健康教育课程多元化

在高校心理健康教育中，男女之间的差异是一个不可忽视的问题。伴随当今社会发展，女性在工作与生活当中面临着巨大的挑战，所以，女大学生的心理健康教育应受到重视，要根据女生的特点对其进行心理健康教育，使她们在理性与感性之间取得平衡。不同的专业，不同的高校，学生的学习方式和生活方式也有所不同，他们对心理健康方面的需求也会不同。所以心理健康教育活动必须根据自身的特点来开展。

心理健康教育课对学生三观的形成以及情绪的把控来说，有重要的影响，认真学习这一课程，可以让学生利用课程中所学习到的知识来处理生活与学习当中遇到的问题，促使其可以快速地融入当下的环境中，以保持较为良好的心理状态，面对未知的生活挑战。

2. 坚持科学开设心理健康教育课程

依据教育部门对高校学生心理健康方面的有关规定，校园的人才培养计划与教学计划当中要有心理健康方面的课程。在大一的第一个学期，学校会设置高校学生的心理健康必修课。之后也应当依据学习者的情况开设有关高校学生心理素质的选修课。对不同院系、不同年龄的学习者，要定期安排一些心理教师或者心理学专家的讲座，进行丰富多彩的团队辅导活动，为高校学生的心理问题提供解决方案，缓解面临的各种心理压力，为他们解决情绪、学习与职业规划等方面的问题提供一定的帮助。

为了进一步提高高校学生对于各种心理问题的认识，学校应该设置认知心理学、社会心理学以及普遍心理学等心理学的基础课程。每个学期为各年级的学生提供就业指导、学习技能、情绪控制、人际关系处理、学习方法，以及高校学生平日生活当中遇到的各类问题，依据需求的不同设置相应的心理健康课程，关注个体心理素质的培养，并结合校园的实际情况，制订出适宜的教学计划，不断地提高高校学生处理心理问题的能力。

3. 坚持设置心理健康教育必修课

针对学生的心理问题，应当设置心理健康方面的必修课，并不断完善心理健康的课程体系，为高校学生营造一个良好的学习氛围。课程的开设应当依据学生的心理情况，结合日常生活，采取案例分析的方法，增强心理健康方面的教育，并且要把心理健康教育课程与多种学科相融合。教师的心理学知识也关系着学生的心理状态因此，也要注重对教师心理健康知识的普及，不断丰富其知识储备，把心理学用到日常的教育工作当中。

目前心理健康教师数量有限，所以，将来有必要采取一定的措施来增加心理健康教师的数量，并对课程的形式与内容方面进行具有针对性的改革。除了开设相应的心理健康教育课程之外，还需要采用灵活的教学方法，如让学习参与到教学活动中来，带着他们一起分析案例。

（二）构建高校心理健康教育体系

1. 完善心理咨询机构的配套设施

要不断地加大对大学心理健康教育的投入，加强基础设施建设，尤其是进一步完善相关的管理机制，如必须为咨询的学习者保守秘密。除此之外，还要不断完善硬件方面的设施，如心理沙盘、音乐放松椅、心理疏导设备等，以及做好焦虑自评量表、心理压力量表以及心理适应量表等多种心理方面的评价量表的准备工作。

除此之外，还应该注重学校的网络建设，为高校学生心理健康教育提供全新的途径，引导学生运用网络学习心理健康方面的知识。与以往的心理健康教育方法有别，此类教育方式更为便捷、灵活，还能够控制教育成本，突破时空限制，可以更好地提高心理健康的教育效果，但是需要注意做好以下几方面的问题。

其一，建立心理健康教育网站。具备资金实力的大学可以为学生建立心理健康教育方面的网站，资金不足的大学可以在学校网站建立起与心理教育相关的主页，并且逐渐建成国内大学的心理健康教育互联网系统。

其二，开展各种形式的心理健康方面的活动，向学生提供网上咨询、推广心理知识、普及心理健康教育，对心理健康教育教师进行专业培训和相应指导，开展学生心理问题的网上交流等。

其三，提高心理健康教育质量。为确保高校学生心理健康教育的良好效果，心理健康教育人员不仅要掌握心理学知识，也需要熟悉电脑操作，能够与学生进行在线交流。因此，要对心理健康教育人员进行计算机操作培训，使其了解相应的网络知识和科学知识。

其四，加强指导。因为高校学生比较缺乏自制力，上网也会形成网瘾综合征，给他们带来心理健康方面的问题。所以，要正确地引导学习者开展互联网心理健康教育，促使学生养成良好的习惯。互联网的心理健康教育从业者也要做好互联网的相关管理工作，第一时间清理信息垃圾，预防此类信息污染学生的思想。

2. 加强心理健康教育师资队伍建设

面对心理健康教育教师数量缺乏的问题，高校首先需要增加教师人数，确保专职心理健康教师可以满足高校学生心理咨询方面的需求。国内的教育部门还应该对专职与兼职教师开展培训工作，进一步完善其资格认证制度，设定心理健康教师的职业标准，建立健全评估机制，进一步完善与心理学相关的职业证书的认证。合理分配工作任务和福利待遇，做好职称评定工作相关事宜，加强该领域的管理。

目前，心理健康教育发展速度很快，各大学均开展了众多的心理健康教育活动。大部分的心理咨询类服务对于解决高校学生的心理问题具有至关重要的意义，在选择心理健康教育教师的时候需要综合考虑，选择诚实守信、经验丰富、思想道德素质高的专业人才。高校需要将专、兼、聘多种渠道相结合，打造一支专业水平过硬的心理健康教育教师队伍，为大学的心理健康教育提供人才支持。并且要不断完善其监督与指导制度，邀请该领域专家为教师提供专业的培训，有助于促进心理健康教育教师队伍整体水平的提升。

3. 促进校际间交流与合作

高校之间形式多样的学术交流和心理健康教育知识的分享，有利于促进学生心理健康教育的健康发展。目前上海市高校心理咨询协会每年都会举办同龄人交流会议。高校与高校之间不仅要实现资源共享，还需要完善督导制度，为学生与辅导员的互动提供支持，促进学生的全面发展。

（三）拓宽高校心理健康教育的实施途径

1. 定期开展心理健康教育讲座

心理健康教育课程是高校学生心理健康教育的重要组成部分。我国制定的相关的教学大纲已经进一步强调了该课程的教学方法与基本内容。与此同时，各大高校也应当为该门课程提供充足的教师资源，即使没有开设此类课程，也要定期举办各类专题讲座，不断加大相关知识的推广与宣传力度。

专题咨询与心理讲座是充分利用外部专家对高校学生的心理问题展开心理指导与咨询，而广播或者公告栏则主要是由学生团体自发开展的心理健康教育的宣传活动。促使学生可以参与活动，掌握各类心理知识。

2. 开展心理健康教育课外活动

心理健康教育的主要目的是为了提高学生的心理健康水平。要想达成这一目标，就需要持续提高学生对于关键活动的认识，提升他们参与活动的主动性。还要开展形式各样的心理健康教育课外活动，不断培养学生的学习兴趣，帮助他们突破内心障碍。同时要依据学生的情感、学习与生活问题提供更加具有针对性的群体心理咨询，并且开展相应的专题类讲座，促进高校学生的健康发展。

另外，还要能够经常性地开展团体的辅导活动。此类活动强调小组成员间的互动。高校生心理健康教育不应只是停留在理论知识的宣传方面，而应该进行各种各样的课外实践活动。依据学生的各项需求，制订出团体的辅导方案，如进行阳光心理竞赛或者游戏，从而不断提高学生理解相应知识的主动性。要进行形式各样的活动来不断强化高校学生心理健康方面的教育，如举办演讲比赛等。高校还必须整合校园广播、学校杂志等媒体宣传高校学生心理健康知识，探索解决学生心理问题的方法，并结合相关理论知识，分析经典案例，为学生心理健康教育创造良好的环境。

一个健康且和谐的教育环境能够最大限度地激发出教师与学生的潜能，完善学生的人格。进一步加强学校的文化建设可为教师与学生创造舒适的环境，加强彼此间的交流，促使学生能说出内心真实想法，对解决高校学生的心理问题有着极为重要的作用，同时，也可以促进高校学生健康心理状态的形成。建立良好的压力减缓系统是推进教师与学生健康发展，保持积极主动心态，以及不断加强高校学生心理健康素质的保障。

3. 建立心理健康信息档案

高校学生心理健康档案是学生心理测试的原始记录，具体内容包括学生心理发展特点、心理测试结果及评价、生活与学习的背景资料、心理咨询记录等。科学合理地运用心理健康档案，教师可以在开学时及时了解学生的心理状态，并分析其是否存在隐性心理压力，以便观察和提供有针对性的咨询。因此，有必要加强对高校学生心理健康档案的保密性和初始档案的真实性管理，使其更好地为高校心理健康教育服务。

高校生心理健康档案建设必须尊重学生，尊重客观事实，克服主观因素的影响。对学生心理状态的数据进行系统的整理与收集，并严格按照要求遵循保密原则。对心理咨询的原始资料、心理调查的数据、心理量表的测试结果，要如实地记录下来。调查的结果不可忽略或是夸大，测试的数据内容与材料不可以随意更改或是主观确定。高校学生心理健康档案具有较高的保密性与专业性，对管理人员素质也有着较高的要求。心理健康档案的内容涉及学生的隐私，直接关系到他们的学习和生活，甚至影响到今后的求职和择偶。因此，管理人员应具有高度的责任感，对心理健康档案中的重要内容和涉及学生隐私的信息进行严格保密。

大一新生的心理健康档案与心理健康的测试是为了掌握新生的心理状况，并且根据需要为学生提供相关的咨询服务。

（四）丰富高校心理健康教育的方法

1. 建立现代网络环境下的多元辅导方式

互联网的心理咨询主要是指运用互联网资源，对具有心理问题并且想寻求帮助的高校学生开展心理指导的过程。

高校学生不只是要面对学习方面的问题，同时还需要面临将来的就业问题，因此他们急需一个倾诉的窗口。然而，在现实的心理健康教育咨询中，有时他们的心理问题和压力并不能完全得到缓解。互联网的虚拟、自由、平等等特点恰好能够满足其需求。在互联网中，每个个体都能表达个人观点，展示个人才能，正好满足了高校学生当下的心理需求。借助互联网平台，他们能够自由地发表各种看法，与自己的内心进行对话，以此来减轻各种压力。

高校可以通过开设微博、建立网上论坛等沟通途径，建立起互联网沟通平台，顺应时代发展，与学生展开心理交流以帮助他们解决各种心理方面的问题。同时互联网心理咨询室的建立也有助于提高对高校学生心理健康方面的服务，进一步完善了他们的心理问题以及自我的心理疏导机制。

2. 丰富高校心理服务形式

当代社会发展变得日益多元化，高校学生所面临的问题类型与压力日益增多，也就应当提高大学的心理健康教育服务水平，不只是为学生提供人际交往与学业问题的帮助，还要帮助他们缓解过度焦虑以及就业所带来的各种问题。所以，完善大学的心理健康教育刻不容缓。只有确保与加强大学的心理健康教育服务的多元化，才可以为高校学生提供更好的服务。

为了顺应大学心理健康教育逐渐发展的多元化，应该不断丰富其教育形式。例如，设立健康教育俱乐部，为高校学生提供讨论与交流的平台；建立心理图书馆，促使学生更多地掌握心理健康相关知识；进行各式各样的心理活动，不断提高高校学生的心理健康水平。

高校生的同伴力量辅导不仅是在学习方面，在就业、人际交往等其他方面也要特别重视。通过对选定的同伴心理咨询师进行专业知识培训，并开展相应的心理教育活动，利用“同伴”的优势来帮助那些有心理咨询需求但是羞于开口的学生，此种方法同时也减轻了校方心理咨询部门的压力。

当前，心理健康教育的形式主要还是以集体的方式为主。针对众多学习者的心理问题，面对相似的需求，可以多引导学生在课堂上进行互动。与此同时，要依据不同年龄学生的不同需求，设计适合不同年级的心理辅导方案。

第四节　高校学生职业生涯与就业指导

一、高校学生职业生涯规划

职业生涯规划又称为生涯规划，同时也可称其为职业生涯设计，主要是指个体对自身的能力、兴趣、特点、爱好展开综合地权衡与分析，依据自身的职业倾向，明确职业领域的奋斗目标，并且紧紧围绕该目标的实现所采取的切实可行的计划安排。

职业生涯规划的具体目的不可以单一地理解为帮助个体依据自身的天赋或者资历寻找适合的职业，实现个体目标。它的本质目标是帮助个体认识真正的自我，权衡分析客观要求与主观条件，进行辨别与思考，设计出较为科学合理且可行的职业发展目标与方向。职业规划具备显著的个体特征，具体内容包括职业目标确定、职业认同、职业决策、职业衡量等过程。

对于高校学生来说，职业生涯规划的作用与意义能体现在如下方面：其一，帮助高校学生制订职业发展目标；其二，帮助高校学生把握与认识自我；其三，评估大学职业规划的前瞻性与针对性；其四，有利于引导个体实现其价值；其五，激励高校学生在当前的学习与工作当中不断努力；其六，有利于确定大学阶段的发展方向。总之，职业生涯规划的主题是减少渠道依赖，降低机会成本，确定发展方向，进而实现人生理想。

（一）高校学生职业生涯规划教育概述

高校学生正处于青年时期，既是人才由传承期向创新期过渡的发展阶段，同时又是人才不断成长的定向发展阶段。可以说，人的一生原本就是一个不断发展与变化的过程。中学、大学阶段是实现其终身发展的关键阶段。规划好高校生职业生涯，对高校学生的成长而言尤为重要。

很多专家学者对职业生涯规划教育展开了研究，并且产生了众多的理论研究成果，但是职业生涯规划至今仍然没有一个确切的概念。当前的专家学者通常会接受这样的定义：职业生涯规划是一种有组织、有目的且有计划的活动，可培养个体进行自身职业生涯规划，推动自身专业技能的提升，促使其职业生涯有良好发展。

在大学期间，学生应当完成专业知识的储备，学习各项技能，不断提高综合素质，为今后的职业生涯发展奠定坚实基础。大学阶段是学生职业生涯发展的探索阶段，也是职业生涯发展的黄金期。职业规划对于人才的培养具有极大的影响。没有职业生涯的发展规划，就仿佛是一艘船没有了灯塔的指引，便会迷失方向，误入歧途。

因此，高等教育阶段对高校学生进行职业生涯规划教育非常重要。好的生涯规划能够使学生发现自身的潜力，不断提高其综合素质，增强自身的竞争实力。有效的职业生涯发展规划便于从宏观方向去把控职业发展方向，并建立明晰的实施策略与职业目标，能够使得学生在职业发展的道路上，节省精力与时间。

高校学生职业生涯规划教育是个系统性的工程，需要贯穿于高等教育的整个过程，要有计划、有组织地分步实施。本科阶段的教学内容包括基础教育（职业教育、职业意识教育、入学教育、就业形势教育）、职业素质教育与目标指导（职业目标确定、全面教育与职业意识）、职业技能教育（职业实践定向教育、社会技能培训、求职技能培训）、职业选择与就业教育（职业选择与就业观、就业心理素质）。当然，职业规划教育是一项较为庞大的系统性工程。大学不只是需要依照课程内容对学生展开教育，更为重要的是搭建一个大学职业生涯发展规划的教育体系，保证教育能够取得实际效果，保障高校学生顺利就业。从理论层面来说，高校学生的职业生涯发展规划教育体系应当包括建立科学合理的课程体系、建立市场化的教育平台、建立专门的指导机构、推进职业生涯教育的互联网信息服务全覆盖、建立起专业的教师指导团队以及提供个性化、持续性的教育服务等。

（二）高校生职业生涯规划教育的内容

高校学生是祖国未来的希望，习近平总书记指出："青春由磨砺而出彩，人生因奋斗而升华。"青年一代已然展现出了新一代高校学生高昂的热情与顽强的斗志，担负起了越来越多的使命与责任，并且起到了极为重要的作用，赢得了党和人民的高度评价与赞誉。

我国的高校学生在刚入学时，便已经着手进行职业生涯发展规划，促使高校学生在四年的学习生活当中能够熟练地掌握相关技能，促他们在进入职场前，对自身的职业规划可以有一个相对清晰的认识，最重要的是要将自己的人生理想与国家发展相吻合，在大学期间既能学到相应的理论知识，同时又可以提高思想道德水平以及职业素质，成为社会所需的综合性人才。

在对高校学生实施职业生涯发展规划教育时，需要坚持教育的发展规律，坚持德才兼施的根本任务，坚持教育强国之根。符合基本国情与教育的指导方针，将新时代的青少年培养成为实现民族复兴中国梦的主体。在对高校学生进行职业生涯规划教育时，要坚持一切从实际情况出发，在实现大学生职业理想的同时，又能实现国家与民族的振兴。

1. 坚持党对高校的全面领导

确保党对高校的强大领导，是处理好高校学生事务的前提条件，是教育事业顺利发展的根本保障。要将党建工作作为校园管理工作的首要任务；将党的教育方针全方位地贯彻执行至高校的方方面面，始终坚持社会主义的办学方针；将高校学生的思想道德建设作为学校工作的根本任务，做到始终贯彻且落实到位。

同时，我们还应该遵循教育发展的一般规律，不断对高校的各项工作进行完善，引导学生怀揣实现民族复兴的伟大梦想，注重学生的思想政治建设，并将其融入校园各项具体工作中去，确保人才质量能够不断提高。

2. 加强文化自信

做好新时期高校学生职业生涯规划教育，必须增强自身的文化自信。其一，需要了解高校学生心理发展规律，采用他们容易接受的方式对其进行潜移默化的影响，促使其成为符合现今社会发展的中坚力量，帮助高校学生实现自身的梦想。其二，要善于汲取中华优秀传统文化中的精髓。其三，要将伟大的革命精神融入高校学生群体中去，塑造新时期新青年的新风貌。

3. 加强高校学生职业生涯规划与创新创业教育

当高校学生进入后两年的学习阶段，学校便会安排与职业生涯发展规划有关的课程或者讲座，为即将到来的就业与创业进行指导。具体涉及对社会各行各业的发展情况进行介绍，然后结合一定的理论知识与实际情况，为高校学生的未来发展提供有力支持。在校生可以结合自身的实际情况，选择适合自己的职业方向进行就业前的准备，然后再通过不同渠道了解相关的指导文件以及具体信息。高校应届毕业生的求职前的准备工作包括求职时的心理调节方法、经常遇到的心理问题；求职时需要的相关证件与材料的准备工作；求职的技巧，求职的礼仪以及面试技巧等。除此之外，还设有专门面向毕业生的创新创业的指导类课程，即创业项目的选择，创业的运作流程等，为高校学生提供具体且实际的帮助。可以说，高校学生从入学到毕业期间，始终贯穿着职业生涯发展规划的教育，对高校学生毕业后的顺利就业与创业创造了良好条件。

（三）高校学生职业生涯规划教育的目标

放眼当下高校教育，国内各大高校都在开展职业生涯发展规划方面的教育工作，其教育目标主要有以下几个方面。

1. 实现立德树人的教育目标

习近平总书记曾在全国教育工作会议上多次指出，在新时代，要把立德树人的观念渗透到大学教育的方方面面。他强调，党的十八大以来，我国教育的最根本问题都是围绕在“培养什么人，为谁培养，怎样培养”上。

大学阶段是人生发展的关键阶段，同时也是明晰自身职业发展的最为关键的阶段。在当前的高等教育德育工作中，做好高校生职业生涯规划教育是十分必要的。要把立德树人与高校生职业生涯规划进行有机结合，使大学的思想政治教育工作不再只是停留在书本上。把高校学生的思想教育与职业生涯发展规划教育彼此结合，促使广大学生更加积极地参与到课程的学习当中来。

2. 帮助学生实现自身价值

大学生学习的理论知识以及相关的职业素养都是为了日后在职场中能够充分发挥自身才能。目前，我国经济社会发展迅速，市场和用人单位对高校生的要求更加严格。高校要做好学生职业生涯规划教育，帮助他们制定正确的职业规划，使他们未来能够顺利走上工作岗位，逐步实现自身的职业理想，这个过程也是一个推动社会不断发展与进步的过程。

3. 缓解社会的就业压力

大学生的就业问题和社会稳定与经济发展紧密相关。帮助高校学生在高校阶段制订良好的职业规划可以帮助他们顺利就业，并与社会形成一定的联系。一份令人满意的工作能够充分地增强与满足大众的幸福感，同时满足大众对于美好生活品质的追求。

综上所述，对高校学生实施职业生涯规划教育具有现实意义。因此，职业教育规划应当作为大学教育改革当中的关键环节进行完善。

二、高校学生就业指导

（一）就业指导概述

就业指导顾名思义就是指对即将走上工作岗位的个体实施辅导的行为，可以从广义与狭义两个层面进行理解。从狭义角度进行分析，就业指导就是指针对不同的个体，结合其自身的特征，所开展的符合其职业特点的较为系统的培训，使其能够在日后的工作岗位上发挥出全部才能；从广义角度来讲，就业指导也可称为求职择业指导，它不仅要从个体特征出发，还需要结合当下社会发展需求，对学生进行职业规划设计能力、职业能力的培养。就业指导的实施能够间接促使社会和谐、稳定发展。

总体来说，就业指导可以划分为三大内容版块。其一，它是一项较为专业的工作，需要授课人员具备丰富的知识储备，了解心理学以及教育学等相关领域的知识原理，对高校学生的性格特征、适合从事的行业与职业进行规划与分析；其二，帮助即将毕业的学生根据自身心理以及生理特点选择适宜的工作；其三，就业指导贯穿于整个教育过程，无论是在高校学生的专业职业指导方面，还是正常的身心健康发展方面均具有指导意义。

就业指导可分为全员化的就业指导、信息化的就业指导、全程化的就业指导和专业化的就业指导。

全员化的就业指导主要是指在实践活动与课堂教学当中，对学生进行服务、教育与管理的过程，从而不断增强学生的职业素养与职业技能。营造良好、积极的校园氛围，引导学生主动参与到专业的体验中，多角度且全方位的培养高校学生的专业观念与专业意识。

信息化的就业指导，就是实现就业信息与资源网络化的过程。高校学生能够通过互联网平台，及时了解不同地区的最新就业资讯，为帮助其顺利就业提供条件。

全程化的就业指导工作，一方面从国家的最新信息以及国家就业指导方针与政策角度出发，为学生提供相应的信息支持，此外，还可以从高校学生个体出发，帮助他们认真分析自身存在的问题，客观理性地看清自我，树立正确的择业观念，有意识地培养自身的职业素养与技能，早日实现自己的职业目标与人生理想。

专业化的就业指导，既具有理论层面的特征，同时也具备实践层面的特征，是需要深入研究的内容。因此，既要注重指导教师的素质培养，同时还需要注重学科设置的科学性与合理性，并将其融入日常的教学活动中去，不断培养与提升学生的职业能力与职业素养。

（二）完善和创新高校就业指导工作的几点建议

1. 进行高校内部的变革和创新

（1）提高认识，把高校就业指导工作摆在突出位置。大学生的就业指导工作，不仅关系到学生的切身利益，还涉及每个家庭乃至全社会的利益，始终是全社会关注的焦点问题。如何做好大学生就业指导工作是相关部门十分关心的问题，并将其放在了就业工作的首要位置，要求各大高校顺应时代发展，做好教育改革工作，尤其涉及高校学生就业指导与规划的，更是要作为重要工作进行实施。具体工作内容包括建立科学的高校学生就业指导服务体系，对想要创业的高校学生提供包括创业流程、创业项目、内容选择，以及对就业市场的相关分析与研究等工作。

（2）完善高校就业指导工作运行体系，建立健全就业指导机制。

①健全就业指导组织机构。在高校内部设立职能机构，为高校学生就业提供保障，该部门的主要工作模式是三级运作与两级管理，经过实践不断证明，已经取得了一定的成效。

所谓三级运作，主要是指三个不同的领导层级。学校要从宏观的视角出发，针对目前人才市场的发展情况制定相关的策略；院系作为仅次于学校的管理层，是对学校制定的各项策略进行实施的部门；班级是对学校制定的策略的实施组织。总之，三级体系对于高校学生就业指导工作有着至关重要的作用。

所谓两级管理，主要是指“就业指导中心”与“就业指导委员会”，两个部门主要是针对高校学生就业的相关工作做出具体的指导并推行与实施。

②加强毕业生实习就业基地建设。为顺应市场发展需求，促使高校学生具备相应的专业技能与职业素养，就业基地建设通常需要通过彼此间的合作、基地依托以及行业互动等展开。

其一，增强行业之间的互动就业。校方应该充分地调动各方资源，不断增强企业与校方的交流合作，进一步对高校学生的毕业就业市场进行巩固。可以借助三种方式加以实现：首先，可以借鉴校企合作培养的模式，如“2+2”“3+1”的模式。校方与企业签订委培协议，高校学生毕业之后便能顺利进入企业就职。其次，可以多举办一些企业招聘会，邀请各行业的优质企业到大学寻找适合的人才。再次，要经常性地召开一些行业推介会，尤其是对重点行业的一线企业进行介绍，可邀请知名企业的负责人，行业内部的专家等，让高校学生能够有机会对这些企业有一个初步的了解，促使其在毕业之后可以顺利进入到相应岗位发光发热。

其二，高校需要积极走出去寻求就业机会。首先，高校要主动与当地的政府部门取得联系，促进政府与学校就业合作项目的签订。其次，高校要应当结合自身特点，积极提供科技、咨询与人才等方面的服务。其次，对本校毕业生的就业情况实施跟踪，了解其工作情况与进展，从而对当前人才市场的发展有初步了解，便于日后为下一届毕业生提供人才市场相关信息。

其三，将重点放在建设就业基地方面。要推荐大学毕业生去就业基地。会优先考虑有这方面需求的高校学生，参与到大学组织的各类招聘会中，优先去实习。大学要依托基地，不断在用人单位成立实习服务基地，组织学生到基地进行入职培训，培养他们具体的实操能力，不断加深企业与学生之间的认识与了解。

③加强就业考核评价体系建设。为了促使高校更好地为大学生就业进行服务，需要对管理工作进行定期的考核、监督，与高校学生就业相关的各部门应该定期自检，以及各部门之间进行互检和指导。为促使相关部门的工作效率不断提高，还可以采取一系列的激励政策，激发从业者的工作热情与积极性。

第一，建立就业管理工作激励机制。设立就业激励基金，制定相关就业激励制度，定期对先进个人与单位进行奖励。有助于激发从业者的积极性，充分利用就业资源，更好地开展各项就业指导的相关工作。

第二，建立高校学生就业质量评价体系。高校学生就业情况的好坏可以通过其工作之后的跟踪与调查报告体现出来，同时也可以由其就业之后的反馈与分析报告等反映就业的综合情况。因此，要建立毕业生就业质量评估体系，该指标涉及企业的稳岗率、规模、起薪、知名度、三年及五年之后的薪水、专业对口率、岗位适应度等。

第三，建立相对健全的就业指导课程保障与监管机制。把就业指导的课程归入大学日常的教学管理体系中。在就业指导教学质量监管方面，实行教研室、大学、院系三级管理的信息评价反馈系统；相关机构要对整个教学过程实施监督；从毕业生所供职的单位获取工作表现的反馈信息，并对展开职业跟踪调查，形成企业评价、三级管理、学生评价、专家监督的就业指导课程的质量保障与监管机制。

第四，建立并完善目标考核机制。把学生的就业任务与目标分解到每个部门，由大学院长与各部门的领导签署关于目标实施的责任书。并对学校每学期的就业情况展开排名与评估，结果与每个部门的绩效挂钩。

（3）建立优质高效的就业指导团队，完善就业指导内容建设。

①加强就业指导体系建设。不断完善各项就业指导工作的相关制度，形成科学且合理的制度体系。

②加强就业指导教师队伍建设。有关就业指导教师队伍的建设工作，学校一般采取从校内选拔、校内培养以及校外引进的相关计划。通过对就业指导人才的引进，促使相关人员的业务水平不断提高。总而言之，就是要构建一支专业化水平很强的就业指导队伍，使得队伍当中的每一个指导教师都能成为专家，并且能够提供教育、咨询、指导、研究以及管理等多项服务。最终使得该队伍走上职业化的发展道路。

整合相关资源，通过提高个体实训能力，以及专业理论知识与相关技能，更好地为大学毕业生提供就业指导的相关服务，进而建立起一支专业化水平较高的就业指导队伍。

从学校外部聘请企业负责人以及在某些行业或者领域做出突出业绩的优秀人士，作为兼职指导教师，或者不定期地举办一些讲座，使高校学生对社会现实情况有大致了解，也可以为其职业生涯规划的制定提供相应帮助。

建立起学校、企业、政府相结合的职业指导委员会，主要从人才培养、市场调研、课程设置、企业人才反馈等多方面进行分析与研究论证，帮助高校学生更好地实现就业，并树立正确的择业观、创业观以及职业观。

建立三位一体的高校学生就业委员会，邀请企业高管、富有经验的专家、与就业相关的政府部门的工作人员共同组成就业指导委员会，提高毕业生的就业成功率，帮助企业培养更多高素质人才。

高校学生就业指导人员的素养要放在教师队伍建设的重要位置，促使该团队自身业务能力与水平向着专业化、职业化的方向发展。这一目标的实现途径一方面是通过院系组织的业务学习培训，另一方面需要通过自身的努力，如在专业领域知识的汲取以及运用，最终实现角色的完美蜕变，更好地为学生提供具有针对性且专业化的服务。

③加强就业指导课程体系建设。要想让高校学生能够更快地转变观念，顺利进入到新的角色当中，就需要学习就业指导的相关课程。该课程能够促使高校生提高自主创业能力、做好职业发展规划、提高就业竞争力、掌握就业技能。

加强就业指导课程体系的内涵建设，可以从以下几方面着手：召开各种座谈会，收集关于教学方面的各种反馈意见，所有教师集思广益调整教学模式，提高教学效率与质量；鼓励教师走出校门，与其他兄弟院校进行交流与合作，参与科研项目，提升理论水平，总结教学经验，编写与高校学生就业相关的书籍；成立就业指导教研室，召集所有专兼职教师，对教学内容以及教学方法展开讨论，适时进行相应调整，不断丰富教学形式，让学生爱上学习。

在教学中设置就业指导的相关课程，其指导内容有教育与创业指导、心理健康指导、职业经历指导、职业生涯规划指导、职业生涯指导以及学业指导。推动“四模块教学”，主要侧重自我认知与职业定位，设置职业测评、专业认知、职业生涯指导与职业定位四大模块的指导。正确的择业观、人生观、成才观与价值观是高校学生未来择业的关键，是开展科学且合理的职业规划的基础，是树立明确职业理想的前提，设置就业指导课程也是积极引导学生对所要从事行业进行了解，并对其职业发展道路进行明确规划。

为了实现就业指导课程的有效性与实用性，要做到就业指导及其课程教学的多元化，同时注意将理论与实践相结合，运用各种教学形式，不断激发出学生的热情与积极性。教师应当依据学生所学的课程与专业特点，结合当前的人才市场就业情况，采取适当的教学方法。

教师可以采取多种授课的方法来巩固课堂教学成果，如专题讲座法、模拟面试法、视频资料播放法、优秀校友访谈法、典型案例分析法等。然后借助一些模拟招聘、创业计划、优秀毕业生回访、成功人士的职业生涯访谈等活动，进一步丰富此类教学内容；借助一些职业规划的互联网教育平台，对学生进行职业规划与测评；借助一系列的培训活动，比如职场训练营、学生素质拓展训练营等提高学生的专业职业技能与素质。

要想就业指导能切实地帮助到高校学生，就需要对相关的课程进行严格规范，成立就业指导教研室，对教学活动进行研究与探讨，促进教学活动不断改进，通过编写就业指导类书籍或者教材，制定相关教学大纲，组织教学竞赛，交流教学心得，实现自身的再教育。为确保教学质量与效率不断提高，应该构建相对严格的监督管理体系，对教学进度与效果进行评估，促进师资队伍素质的提高，并营造出积极向上的教学氛围与环境。

目前国内高校学生就业指导相关课程的改革以科学的研究作为先导。具体内容如下。

第一，对高校学生目前的就业市场展开调查。该项活动能够从市场上获取第一手资料，通过对人才市场的实际情况进行分析与研究，为即将毕业的高校学生提供较为真实与可靠的信息，方便其为今后的职业生涯进行更为合理地规划。

第二，进行高校学生核心竞争力决定因素的研究，此研究需要大量的资金与丰富的理论支持。可以使高校学生在激烈的人才市场的竞争中脱颖而出。

第三，围绕高校学生的行为特征展开相应的研究。主要从职业规划与心理、自主创业等方面出发，制定出一套切实可行的高校学生就业指导方案，帮助他们发现自身可能存在的就业心理问题，以及就业中需要面对的难点。

与高校学生就业相关的指导课程建设是一项相对复杂的系统性工程，具有相当强的实践性。坚持在相关规划当中不断探索，确保改革是在整个教学领域内进行的，涉及管理、教学方法以及课题研究等方面。

④加强创新创业教育，完善创新创业机制。高校鼓励学生积极投身到创业的时代浪潮当中去，并开设相关的课程，使其掌握相关理论知识，提高创业能力与意识。

其一，要不断培养学生的创业意识。这里所说的创业意识是指一种积极向上与进取的精神，从侧面鼓励高校学生勇敢走出去，寻找一份合适的职业。

其二，要不断培养学生敢于冒险、勇于创新以及宽容、诚信等优秀品质。这种品质也被称为创业者品质，是企业家应该具有的素养。

其三，要了解创业不同于就业。创业需要具备一种敢于面对困难，以及解决困难的能力。这种能力的培养需要教师循序渐进地引导，并且通过具体实践才能得以实现。学生处理各类问题的能力，可以从创新能力、社会活动能力以及管理能力等方面体现出来。

学校要想帮助学生进行创业需要做好以下两个方面：第一，强化教师队伍建设，不断提升教师团队的整体业务素质与能力，帮助学生培养创业所需的品质与精神，通过多种途径与方式，为学生的创业奠定良好基础。第二，对教学模式进行不断调整，从施行以学生为主体的教学模式，调整为让他们成为学习的主人，激发其学习的积极性与主动性。第三，与当地优秀企业建立良好关系。创业不可以闭门造车，企业环境也应该作为重点，为学生提供良好的创业体验，加深他们对于创业的理解，培养学生的创业意识。

2. 就业外部环境的营造

要加强就业外部环境营造加大宏观调控力度，建立健全就业机制，在政策的支持与指导下，为高校学生提供更多就业机会，使其寻找到理想的工作。要把大学毕业生的就业归入经济社会的发展规划；要有法律法规保障与政策的引导；要定期监督检查与抽查高校学生的就业指导性工作；提高高校学生就业宏观层面的调控能力。大学毕业生的就业是一项极为复杂的系统性工程，此时，政府的强力推动、全方位协调与领导是该项工作实现的必备条件。对于高校毕业生就业指导领导小组的工作内容，高校与政府应当给予重视，同时，也要将就业中所遇到的问题集中到一起进行讨论，群策群力，最终形成合力，攻克难关。

对高校毕业生的就业管理制度进行不断完善。成立起由省级政府牵头，省农业农村厅、省财政厅、省教育厅、省人力资源和社会保障厅共同参与的省级大学毕业生就业工作委员会。解决高校学生毕业在就业中遇到的问题。

帮助高校学生寻找更多的就业机会与途径，鼓励他们到基层进行锻炼。同时，鼓励高校学生到非公有制企业、中小企业去就业，拓宽就业渠道，增加就业岗位。

充分发挥人力资源市场的中介服务功能，为高校学生提供中介服务。基于中介的特殊性质，一方面能够从用人单位获取相关信息，另一方面还能够为高校学生提供更多就业方面的服务。通过与用人单位建立良好的关系，结合学校的实际情况，可以开展形式多样的毕业生招聘会，为其创建就业平台，创造良好的就业机会。

第五章　高校学生事务管理的典型案例分析

第一节　新生入学适应与学业规划的典型案例

一、新生入学适应

不少同学在中学时，衣食住行都由父母照料，进入大学之后发生一些不适应是很正常的，关键是如何缩短适应期。例如，当地饮食口味、气候、方言、风俗或城市噪声等都可能会让人感到不适应，这就要求新生调整好自己的心态，尽快地熟悉新环境，适应大学生活。

大学要求学生们有自理自立能力和自学能力。在生活上，学生必须学会料理自己的一切（娱乐生活、个人生活、消费方式、交友方式等）。在教学管理上，大学的教师不像中学教师那样管得具体、细致，他们的主要职责是通过指导、组织学生开展多种活动，培养他们自学、自立的能力。在学习方式上，大学的学习特点是自主性强，学习计划的安排、选修课程的选择、学习时间的分配，学生都要根据自身情况自己决定，因此，新生要学会自学，抓住学习重点，进行自我督促和自我检查。

总之，新生要在了解、熟悉学校环境的基础上，以积极主动的态度去面对现实的问题，积极改变自身的观念、行为习惯以及心理状态，这样才能更快地适应新环境。

（一）案例介绍

小 K 是一名大一新生，高考成绩在班内排名中等。在新生班会上，大部分学生都比较羞涩，但小 K 性格开朗，与同学们热情互动，大家都称他为开心果。但开学一个月后，小 K 对同学们一如既往地热情，同学们对他的态度却多了一分冷淡。在新生心理筛查时发现，小 K 的结果需进一步进行筛查。据了解，平时小 K 经常独来独往，上课独自坐在教室一角，课余时间多是独自活动，参加了几次社团活动后也因失去兴趣而退出了。第一学期的期中考试，小 K 的英语和高数成绩均未及格。与此同时，小 K 与舍友的相处也不愉快，先是小 K 被舍友锁在宿舍外，后是舍友们一同找到教师反映小 K 的个人卫生和性格问题，并且表示不想与他住在同一宿舍。

（二）案例分析

本案例是一个典型的新生入学适应问题。一方面，小 K 由于性格、生活习惯、人际交往方式等问题，无法迅速适应大学的学习和宿舍生活。另一方面，宿舍作为大学生的“第一社会、第二家庭、第三课堂”，除了小 K 的个人问题，小 K 的舍友也需进一步学习大学宿舍生活的相处原则。针对小 K 这一案例，可以从以下三个方面进行解决：一是缓解小 K 与舍友紧张的人际关系；二是让小 K 掌握适应大学学习、生活的方法，顺利完成从高中生活生活到大学生活的过渡；三是引导小 K 约谈专业心理辅导教师，进行心理调适，通过定期约谈、走访宿舍、与家长建立联系等方式对小 K 进行辅导。

（三）辅导过程

经观察，笔者发现小 K 上课经常不认真听讲，与任课教师了解小 K 的学习情况时，教师纷纷表示，小 K 上课总是坐在角落，不与老师互动，且课后作业很少上交。同时，通过班委了解到，小 K 也很少与同学们交流，没有早退、迟到、旷课的情况，但是课后作业基本不做。课余时间不是在宿舍玩手机，就是去健身房健身。最开始小 K 还有几个比较要好的朋友，但是朋友逐渐觉得他言行奇怪，兴趣差异大，慢慢不再与他相处，目前小 K 基本没有朋友。

在了解了这些情况后，笔者邀请小 K 进行了第一次约谈。原本约谈定在 13：30 开始，但是由于小 K 的拖延，约谈直到下午 2 点才开始，可见小 K 对初次约谈有一定的抗拒。在第一次约谈过程中，通过了解小 K 的家庭、兴趣、高中生活，得知小 K 的父母都是高级知识分子，小 K 从小在部队大院中长大，生活条件优越。父母虽然都是军人，但是他们对小 K 并没有进行严格的管理，而是对小 K 有求必应。小 K 平时喜欢玩手机，临高考前突击学习了一段时间后，考上了现在的大学。他没有特别要好的朋友。在建立了基本的了解之后，笔者开始询问小 K 对大学生活的感受。小 K 表示大学生活和高中生活没有什么变化，依旧是上课不听讲，也不需要朋友，自娱自乐就挺好。笔者为小K分析了大学与高中的区别，特意指出大学的学习内容与高中差别很大，专业性更强；同时，引导小K思考大学毕业后的出路，他明确表示打算考研，但是并不认为自己现在的学习方法和态度有问题，认为自己考试前和高中一样突击学习一下就可以，听不进去别人的劝诫。在第一次的约谈中，笔者基本了解了小K的情况，并初步建立了友好的师生关系，为下一阶段的深入约谈建立了基础。

在第一次约谈之后，笔者每周都会进入课堂察看小K的学习情况，这时小K除了作业能按时上交外，上课依旧不听讲。一次偶然的机会，笔者得知小K报了新生晚会的表演，并且已经进入了节目最终筛选名单。小K同笔者分享了作品创作的过程，并希望笔者提供一些建议。小K难得能对一件事情如此上心，笔者决定和他一起修改作品。虽然，节目最后没有入选，但是通过这件事情，小K感受到了笔者对他的关心，一改之前冷漠的态度，变得愈发热情。

小K不爱听大道理，之前学习突击法的奏效一直让小K对自己信心满满。但是期中考试后，小K两门考试都不及格。借此机会，笔者对小K进行了第二次约谈。相比第一次，这一次的约谈过程中，小K对我更加坦诚，没有迟到，也没有沉默不语。但是由于期中考试的失利，他对自己的能力产生了怀疑，对改变现状丧失了信心。面对失落的小K，笔者引导他明白了考试失利的根本原因不是他的学习能力，也不是期中考试前冲刺复习的思路不对，根本问题是他的学习态度不对。笔者鼓励小K在课堂上认真听讲，不再做课堂中的角落族，勇敢地坐到第一排，听课、做笔记。他迟疑了一会儿，表示愿意尝试一下。接下来的几天，小K的上课情况明显好转。

这一期间，小K的舍友们集体表示，不愿意与小K住在一起，因为他不爱洗澡，不更换床单，脾气古怪。经观察笔者发现小K床铺比较乱，结合学习和生活上的问题，笔者和小K的父母进行了沟通。

小K的母亲很关心他在学校的学习和生活，接到笔者的电话后积极地予以反馈，答应叮嘱小K勤换衣服、洗澡，改善卫生状况。把解决方案告诉小K的舍友后，大家表示愿意帮助小K一起改变生活习惯。之后，再也没有同学反映小K的卫生问题，他们的宿舍关系也缓和了不少。

经过一年的努力，虽然小K的学习态度时不时还有反复，但他第一学期的期末考试只有1门未通过，第二学期的期末考试全部一次性通过。经过一年的努力，小 K 收获了一份信心，也体会到了正确的学习态度的重要性，同时小 K 也更加重视人际交往。

（四）经验启示

对高校新生进行辅导要注意三点。

第一，对学生进行适当的挫折教育。人在挫折中更能认识自己，听取他人建议。

第二，在帮助新生的过程中，一定要发挥舍友的作用，及时对舍友进行启发，使个人拥有原动力和坚强的团队，从而促进个人进步。

第三，一定要发挥家长的力量，家庭、学校形成合力，很多时候学生的问题都要通过童年的成长经历去找寻根源。

二、学业规划

（一）案例介绍

【案例一】

王同学，高中时学习非常出色，高考成绩是全班第一名，但大学第一学期竟有多门功课不及格，并且还迷恋网络游戏，不分昼夜，整日沉溺于虚拟网络空间中。王同学为了玩网络游戏，除把父母所给的生活费花光外，还把学费也用光了。由于整日玩游戏，经常旷课、不参加早锻炼和晚点名，即使来上课，也是无精打采，萎靡不振。

【案例二】

张同学，男，法律专业。刚进入大学时，心情郁闷，担心法律专业就业前景，他认为法律专业普遍存在就业难的问题。参加工作，需要参加国家司法考试；当法官，要参加公务员考试；做律师，一般人收入很低，除非成了著名律师。张同学十分忧虑地表示，自己已经 25 岁，所学专业的前途在哪里呢?

（二）案例启示

高等学校学生的学习是广义的学习阶段，是在高等教育时期对学生进行的以学习为主的活动，包括政治思想、组织管理能力、业务、道德、科研等方面的学习以及创新。

规划在新华词典中有两种含义，一是做规划；二是长远全面的发展计划。大学生筹划、安排与事业相关的目标学业就是高等学校学生的学业规划。具体来说，就是指大学生结合自己的学习情况、个人兴趣等实际情况，通过分析社会未来需求，制定好自己的职业目标，明确学业发展的方向。学业规划就是为大学生的顺利毕业提供保障，为其顺利进入职场打下坚实的基础。

（三）辅导策略

优秀的学业规划可以有效引导学生对自己的劣势、优势进行分析、对比；引导高等学校新生对自己的特点进行正确认识，并对自己的价值进行客观认识；引导他们对自己的现状与目标之间的距离进行正确评估；引导他们树立一个明确的职业目标与学习追求；引导他们进行科学有效地学习，提高自己的竞争力，努力朝着自己的理想与目标前进。

1. 明确学业目标

对于高校学生来讲，目标都是极为重要的。一个清晰的目标是学生学习规划的核心。学业目标有长期目标与短期目标两种，并且在一定的情况下需要积极进行调整。高校学生学习生活的阶段性较为明显，所以在制定学业规划的时候，其目标也会表现出比较突出的阶段性。在一个总目标的引导下把目标进行细化就是目标的阶段性。总目标就像一个灯塔，为学生的学习指了明方向。但是，总目标的实现需要通过多个阶段性目标来获得保障。

在制定阶段性的目标时必须结合四个学年的特征进行。

（1）一年级为试探阶段。大学生在这一阶段的主要任务就是了解、认识自己，思考我是谁、我要做什么、我应该做些什么、我具备什么样的能力等问题。这一阶段的学生要提升自己的人际交往能力，对自己有可能选择的职业，尤其是自己专业对口、想要从事的职业，进行初步地了解与认识。以自己对职业的了解为依据，对该项职业的要求进行分析，然后进行相应地学习。

（2）二年级为定向阶段。这一阶段的学生要对自己所学的知识技能进行检验，需要对未来发展进行思考，还要积极参加社会实践活动，在课余时间去从事与自己专业相关或者未来想要从事的工作。同时，要争取考取计算机、英语等等级证书，还可以选择一些其他专业的知识去丰富自己。

（3）三年级为冲刺阶段。这一阶段，确定就业的学生要积极搜集用人企业信息，了解相关企业的同时要积极提升自己的求职技能。想要考研的学生需要全身心投入学习当中。考研看起来简单，但实际上，需要一个完整的计划和很多细小的目标。

（4）四年级为分化阶段。这一阶段的学生可以对自己确定的职业目标进行检验。实际上，大学四年级是阶段性目标的收尾环节，基本上可以对整个学业规划目标的实现进行评定。

职业生涯规划设计需要具备一定的弹性，以面对现实社会中存在的一些不确定因素，方便学生改变计划，及时修改与优化学业目标。在目标实现的过程中，积极发现自身的不足与缺陷，并积极进行调整。大学生要尽可能快地去制定自己的学业目标，学业目标对职业生涯有直接的影响。

2. 正确分析自我和学业

苏格拉底把古希腊神庙中的箴言“认识你自己”作为自己一生的追求，表明了认识自己的重要性。一个人的成功过程就是对自己不断进行认识的过程。只有对自己进行客观认识，才可能做出正确的选择与判断，才可以更好地把握机遇。

“以人为镜可以明得失”，就如同用分数来评价自己所学的知识水平，在与他人进行比较的过程中可以认识自己，找到自己正确的位置。这种比较虽然具有一定的局限性，但却是经常使用的方式。每个人都比较在乎别人对自己的评价，也会通过别人对自己的评价去认识自己。如果他人的评价与自己的评价存在很大差异，就表明对自己的认知存在偏差，需要及时进行调整。反之，如果他人与自己的评价比较类似，就证明具有成熟的、较好的自我认知能力。

3. 构建合理的知识结构

现如今，社会提高了对未来人才的综合性知识的要求，要求学生既符合专业要求，又要具备高水平的人文素养；既可以发挥集体的优势，又可以展示自己的特长；既可以适应社会需求，又要具备鲜明的个人特色。在学生设计学业生涯时，要以社会与职业的不断发展变化为依据，构建科学的知识结构，把自己具备的知识进行科学合理的重组，充分发挥知识的整体功能。

通常情况下，大学生合理的知识结构需要包括以下内容。

（1）融会贯通的专业知识。即从事某种职业所需要的专业知识的结合形式与构成总量。学生的专业知识可以概括为：专业基础知识—专业知识—学科知识—学科前沿知识。现代的高等学校毕业生既要熟练掌握本专业的知识，又要了解与其专业相关的综合知识。

（2）坚固的基础知识。包括数学、哲学等相关学科的基础性理论，是现代科学技术的理论支撑。

（3）高质量的学习方法。学习方法包括思维方法与学习方法两个方面。恩格斯说过，一个民族想要站在科学的最高峰，就一刻也不能没有理论思维[①]。所以，在学习方法中，思维方法是非常重要的部分。达尔文认为，最有价值的知识是关于方法的知识。在知识经济的社会中，知识更新速度不断提高[②]。因此，青年学生面临的最为紧迫的问题就是如何学会学习。

（4）操纵自如的工具知识系统。主要包括网络技术、计算机、英语、文献检索工具等。是现如今学生进行自主学习、搜集资料的重要工具。

（5）优秀的文化素养。人需要综合性的知识去拓展科学知识的应用，所以，合理的知识结构，不仅要有坚实、广泛的社会科学知识，也要具备自然学科知识。学生只有具备较高的文化水平，并掌握各个学科的基本方法与理论知识，学以致用，才可以有效解决复杂、综合的问题。

（6）灵活的创新思维。创新思维是对现存事物和现有认识的超越，是对事物新的判断、认识，或者提出解决方案的新途径、新方法，其本质就是对人们现有的思维方式的突破。

4. 培养职业需要的实践能力

用人单位选择学生的基本依据是其知识掌握程度与解决问题的能力。大学生不仅要精通专业知识与基础理论知识，还要具备对生产中实际问题进行分析、解决的能力，同时还要具有从事本专业领域实际工作的基本技术与能力。因此，学生要重视提高与社会需求相吻合的社交能力、组织管理能力、创造能力、实际操作能力、决策能力、随机应变能力、心理调节能力、终身学习能力等。

5. 参加有益的学业实践

实验报告、课后作业、课堂研讨等都是课堂教育中的实践部分，卫生服务、科教咨询、社会调查、参加工农业生产劳动等都是社会性的实践活动，是达成学业目标的必要途径，比课堂实践更为重要。高等学校组织学生参加暑期的校园创业活动、毕业实习、志愿者活动、“青年三下乡”活动等，都是非常好的实践方式。例如，复旦大学学生开展的“守着阳光守着您——安

① 马克思，恩格斯．马克思恩格斯选集 第 3 卷 [M]. 中共中央马克思恩格斯列宁斯大林著作编译局，译．北京：人民出版社，1966：467.

② 石少侠．最有价值的知识是关于方法的知识 [J]. 国家检察官学院学报，2008（3）：3-4.

徽颍上之行”项目，就是在当地进行支教、家访、捐赠及联谊活动。志愿服务指的是自愿奉献自己的精力与时间为促进社会福利事业发展、社会进步、人类发展而提供服务的实践活动，在社会中发挥着重要的作用。毕业实习是直接利用生产第一线的实践，把课堂知识运用到相应的工作岗位中。在这方面，学校应该对利用假期去从事社会实践的学生给予大力支持。

学业规划就是为了帮助学生更好地确立在校期间的学业目标，奠定好职业规划的基础。做好学业规划可以激发学生主动学习的热情，提高学习效率和质量，为步入社会参加工作做好准备，还可以帮助高校提高管理理念。对于高校学生来说，一份合理的学业规划设计，是人生路上的一盏明灯，学生只有上好了这堂必修课，才能够赢在起跑线上，找到通往成功的路径，实现自我，成就自我。

第二节　心理健康与人际交往的典型案例

一、心理健康辅导

（一）案例介绍

艾文，大四男生，工科专业。艾文出生在我国西部的一个农村家庭，家里有两个哥哥、两个姐姐和一个妹妹，全家只有自己在上学，但他在家庭中并没有感觉到自己很重要。艾文家境贫寒，身体虚弱，性格内向，情感细腻，学习成绩优秀，高二提前参加高考，考入现在的学校。进入大学后，虽然学习对他来说不是一件难事，但他常常感到自卑，感觉自己不如别人，他在同学面前非常紧张，常常处于郁闷中。

毕业后艾文将去中国科学院继续读研。虽说考上了研究生，但他并没有感到自豪，仍感到很自卑。

在咨询过程中，教师与艾文确定了目标：在即将毕业的这段时间中，调整自己的身体状况和心情，学会为自己骄傲，为迎接即将到来的研究生生活做好准备。

在心理咨询过程中，教师请艾文完成“自己眼中的我和别人眼中的我”的作业。艾文对自己的评价是、反应迟钝、记性差；身体素质比较差，常常因为身体原因推托各种活动；情感比较单调；体型很难看。他希望理想中的自己沉着从容、潇洒自然；能与他人自然相处、交流无障碍；聪明智慧，思维敏捷，思想深刻，受人欢迎和喜欢，有人关心；有突出的成绩和贡献。

朋友对他的描述：艾文是个愿意积极表达自己又有点儿害羞的人，对自己想做的事情有热情，看起来比较安静；腼腆内向，不太喜欢和人说话；朴实友善、踏实诚信、不太自信、学习能力强；做事有条理、踏实，很有计划，认准目标会很努力，待人真诚，不太活跃，与大家交流少。

艾文形容自己是家庭的肿瘤，如黑洞般消耗着家里来之不易的血汗钱，这种愧疚感一直督促他要好好学习。艾文家庭的负担让父母无暇顾及对他的培养，上大学以前艾文几乎和家人没有什么交流。

艾文说他父亲寡言少语，上学时是个学习非常好的学生，但造化弄人，最终没能学有所成。父亲的遗憾成为艾文内心深处的一个情结，他说要弥补父亲的遗憾。父亲特别勤劳，每天起早贪黑，几乎什么活儿都能干，对自己、对孩子都很严厉。

艾文的妈妈没有上过学，生活的艰辛使她总是充满忧虑和不安，对艾文也没什么信心，常常担忧艾文要是考不上大学怎么办，考不上研究生怎么办。这种忧虑也感染了艾文，使他常常怀疑自己。

（二）分析诊断

在二十来岁这个本应该青春飞扬、活力四射的年龄，艾文却背负着自卑、低落、忧伤和愧疚一路前行。他像一棵小树，在寒风中瑟瑟发抖，试图努力地将枝叶伸向天空，将根扎进土壤，他渴望得到阳光的普照，成为参天大树。

艾文的情绪能够反映在他的身体上。没有食欲、反应慢、免疫力差、记忆力差，常常出现口腔溃疡，容易感冒。除了制订饮食和锻炼计划外，还要改变自己的心情，消除不良情绪。艾文后来说，当初寻求老师的帮助，主要是因为自己总是生病，但老师帮他发现了更多更本质的问题，如如何提高自信、如何面对自我与他人、如何正确解决各种问题、如何协调与外界的关系。通过老师的开导，他以前想不通的问题现在开始逐渐明白，也获得了很多启发和动力。

情绪低落和缺乏自信很容易相伴出现，像一对形影不离的双胞胎，这一点在艾文身上也有典型的表现。具有自卑心理的人总是关注自己消极、悲观的一面，看不到积极、乐观的一面。艾文对自己的评价全都是负面的，他看不到自己身上的闪光点，总是将自己的缺点放大，因为某个方面不优秀而觉得自己不优秀。他喜欢知识，喜欢大自然，却不喜欢自己，所以不快乐。一个不爱自己的人，不会感到幸福。积极悦纳自我是艾文的主要目标，在悦纳自我的基础上一步步进行改变。

（三）辅导策略

1. 学会爱自己

当艾文以“讨好者”的姿态出现在别人面前时，是为了感受到“我是重要的”，但这样做的后果是放弃了认可自己，依赖他人来定义自己。当这种讨好没有成功时，他就得不到满足，觉得自己无足轻重、没有价值。因此，艾文要学会爱自己，当觉得自己不如别人时，要停止批评和责备自己，停止和别人比较，接纳自己的不完美，要学会进行积极的自我鼓励，将自己的优点列出来，学会珍惜自己所拥有的，欣赏自己的独特性。

2. 学会接受自己

一个与自己过不去的人，必然有很多觉得自己做得不够好的回忆。艾文可以在心理教师的指导下尝试与过去的自己和解，学会放下过去，接受自己。

3. 勇敢接受真实情绪

情绪是我们生命中不可分割的一部分。情绪也是促使我们去做一些事情的推动力。虽然我们都希望开心、愉快和满足，不喜欢低落、悲伤和恐惧的情绪。但要知道情绪反应是具有钟摆效应的，当没有什么事情可以让我们悲伤、愤怒时，我们也就体会不到快乐、满足和自豪。因此，我们要勇敢地面对真实情绪，学会调节负面情绪带给我们的影响。

4. 要有梦想

人活着就要有梦想，就要实现自己的价值。人不是因为了不起才有梦想，而是因为有梦想才能成为了不起的人。

健康是人生快乐、幸福、成功的基础和前提，而心理健康占据着健康的半壁江山。因此，关注高校学生的心理健康，加强学生心理辅导工作势在必行。

二、人际交往

高校学生在校园生活会遇到各种困扰因素，而人际交往问题处于十分突出的位置，已成为高校生校园生活的第一大问题。不良的人际关系成为心理障碍和心理疾病最重要的原因之一，不仅直接影响高校学生在校期间的学习、生活和心理健康，而且对学生的成长进步也产生了很大的负面作用。

人际交往简称交往，它包括两个方面的含义。从动态的角度来看，人际交往是指人与人之间的信息沟通和物质交换。从静态的角度来说，人际交往指人与人通过动态的相互作用形成的情感联系。良好的人际关系不仅是高校学生心理健康水平、社会适应能力的综合体现，也是今后事业发展与人生幸福的基石。据统计，高校生每天除了上课和睡眠外，其余大部分时间用于人际交往。在高校学生的人际交往中主要存在以下问题。

第一，不敢交往。每个人都希望有一个好人缘，但是在人际交往的过程中往往会表现出不同水平的恐惧，如自卑、焦虑、紧张、害怕等。

第二，不愿交往。不愿意进行交往主要表现在以下方面：①没有包容心。有些学生对其他人没有足够的包容心，经常因为一些小事情而产生矛盾，不利于交往的进行。②缺乏信任。部分学生不信任周围的人，以自我为中心，不愿意与同学进行合作，认为别人都不可靠，不愿与其交往。③缺少自信心。部分学生在进入新校园时发现很多人比自己优秀，从而产生自卑与嫉妒的心理，认为别人瞧不起自己，自己不如他人优秀，害怕与他人进行交往。

第三，不善交往。不善于交往主要表现在：①对人际交往的基本原则不熟悉，如不懂得给他人保留面子，不注意场合随意开玩笑等。②沟通的方式不恰当，如在拒绝他人、批评他人、劝说他人时不讲究交往艺术。③对交往知识不了解，在谈话的过程中书生气太足，比较生硬、呆板，不会恰当的说出心中的想法。④不尊重他人的习俗，如不顾虑他人的感受，不顾虑习俗随意开玩笑。

第四，不懂交往。不懂交往主要表现在三个方面：①过度沉溺于过去，影响现在的交往。一部分学生过度怀念以前的生活，非常不满当下人际关系的状态，从而对社交活动产生了不良影响。②消极等待影响人际交往。一部分学生不重视平时的交往积累，自己处于被动地位，总是期待别人主动与自己交往，容易使他人觉得与你进行交往不管是精神上还是物质上都没有积极的作用，那么这种交往就会结束。③理想交往模式带来的失落。刚刚入校的学生对人际交往具有较高的理想色彩，有着比较强烈的人际交往愿望。如果用理想的模式对人际关系进行衡量，就容易导致高挫败感与高期待值共存。

（一）案例介绍

小刚，男，大一新生，来自山村，家庭经济较为困难。在班级第一次班委会选举中，小刚被推选为班长。作为班干部，小刚工作认真负责、领导力很强，处处为同学着想，与同学的相处颇为融洽，也常常向老师和学长请教班级管理经验。新生之间彼此熟悉起来后，开始有同学向辅导员反映，小刚作为一名班长，与班上同学的交流很少。辅导员在与小刚的交往当中，也感到他说话有点急躁，而且整个人看起来精神不是特别好。在与小刚谈心后，辅导员了解到，他总是担心同学们背后议论他、嘲笑他。小刚还向辅导员讲述了一次班级组织的打篮球活动中，他穿了一双破布鞋，遭到同学的嘲笑，产生了一种强烈的耻辱感。从那以后，他就很少和同学交流，平时都是自己单独行动，也不参加集体活动。小刚说他也很想融入集体生活，但是总觉得同学们都在排斥他，他又无法改变这种局面，心中十分痛苦。

（二）分析诊断

对于刚迈进大学校园的新生来说，人际交往往往会成为新生遇到的首要困惑。高校学生的人际交往与人生其他任何阶段不同。这一时期，学生在人格、性格等方面日趋成熟，他们在很多事情上都表现出自己独特的一面，并且比较固执。他们在人际交往中希望有一种宽松和自由的环境，以人格平等为基础；交往对象、范围、内容、方式具有开放性；较单纯的精神性；期望值与理想较高；交往中的主动性以及合作意识较强。

目前，我国高校学生常见的人际交往问题主要表现为以下几个方面：一是对自我和他人的认知偏差所带来的人际障碍。一些学生不能对自己做出一个正确、客观的认识和评价，导致在人际交往中出现了盲目的自我抬高或自我贬低；同样，也不能对他人进行较为正确、客观的认识和评价，阻碍了高校学生人际交往活动的顺利进行。二是情感和人格障碍所带来的人际交往问题。一些学生的消极情感（自卑、闭锁、孤傲和羞怯等）和人格问题（个体人格差异和人格缺陷等）严重影响了人与人之间的交流互动，最终妨碍了学生和谐人际关系的形成。三是缺乏建立良好人际关系的知识和技能。四是学生家庭背景差异所带来的人际障碍。由于学生来自不同的地区，并且各自家庭的社会地位不尽相同，从而造成学生在思想意识、价值观念和心理特征等方面都存在着较大的差异，这种差异必然会使人际交往中产生摩擦、困惑和冲突。可见，高校学生人际关系问题既有主观原因，又有客观原因。从主观原因上看，主要是由学生在认知、情感和人格等方面的偏差造成的；从客观原因上看，主要是受到家庭背景、教养方式、社会环境变化等因素的影响。

辅导教师与小刚沟通后，小刚同意进行心理健康测试，测试结果表明，小刚的焦虑因子超出正常值，其余各项因子得分均在正常范围，不足以证明小刚患有心理疾病。小刚愿意与同学交往，但又无法正常地与同学进行沟通，真正地融入集体生活中去，总是猜忌别人是否在议论自己，并且有严重的自卑心理，综合他在学校的表现和心理测试结果进行分析，小刚具有严重的自卑与人际交往障碍。

（三）案例启示

高校学生正处于学习知识和技能、认识社会、探索人生的重要发展阶段，在学校中所有活动都是在与人的交往过程中进行的。人际交往不仅是高校生向社会化转变的基本途径，还是他们身心健康发展和事业成功的重要保证。良好的社会交往对高校学生的成长有着积极的促进作用。那么，如何营造良好的人际关系呢？

首先，要有健全的人格。通过故事、事件教育学生要真诚待人、尊重他人，做到表里如一。对别人的缺点不讥讽，对别人的优点不妒忌，不自以为是、不自命清高。要学会关心人、爱护人、同情人。同时，要严于律己，宽以待人，对别人的错误不耿耿于怀，即使被他人误解也能控制自己的情绪，要增强自信，实事求是地看待他人。

其次，辅导教师也要学习一些人际交往技巧，提升交往能力。对学生参与学校社团与班级活动的行为给予支持。高等院校学生只有积极学习人际交往，并进行相关的实践训练，才可以具备优秀的交往能力。形成良好的人际关系需要双方相互了解，在思想上进交流，沟通是建立良好人际关系的有效途径。学生要学会站在对方的角度去处理与思考问题。一般情况下，善于交往的人也善于发现他人优点，愿意信任他人，可以接受不同的行为与观点，理解他人，对他人的过失不斤斤计较，不轻易去责怪他人，而且积极帮助他人，与朋友相处保留不同之处，积极发现共同之处，这样做很容易得到他人的真心对待。对于在校的学生来说，要从各个方面对自己进行锻炼，积极改善人际关系，努力克服心理障碍，尽快适应大学生活。

学生心理逐步发展成熟的阶段就是大学阶段。这一阶段的学生极度需要他人的理解，喜欢向他人诉说自己内心的想法，通过他人的安慰与理解调节自己的情感，缓和心理的压力。由此可见，学生之间人际交往的重要作用。对于存在心理问题与人际交往障碍的学生，教师应该积极选择合适的方法进行心理干预。

通常情况下，倾诉有利于情绪的缓和，是一种非常有效的方法。在学生倾诉完自己的心事之后，教师要毫不吝啬的在感情上给予支持与安慰，并且在倾听、支持、安慰的过程中站在学生的角度去思考，鼓励对方积极地进行心理状态调整，尽可能为学生营造一种愉快轻松的气氛，支持、鼓励学生对问题进行积极度处理。

最后，要帮助学生在认识、理解人际交往的时候，对包围自我的“封锁线”进行突破，这样有利于学生摆脱自傲、自卑等情绪，使他们认识到建立友情的基础是平等，从而促进其身心健康发展。要引导学生认识到人与人之间的财富积累、成长背景是不同的，要相信自己，同时也不要自以为是，要学会宽容、沟通，学会站在他人的角度去思考问题，以一种开放的心态去看待自己与他人。

（四）辅导策略

解决新生人际交往障碍的关键，在于帮助他们树立一个正确的交往态度，正视自己和他人的角色，帮助他们认识到进入大学的学生，往往扮演着不同的角色，如学生、班干部、同学、朋友等，对于不同的角色要学会以不同的心态来面对，要积极地参与到各种交流和沟通当中去。当一群思维敏捷、心胸开阔、目光敏锐、意气相投的年轻人相聚在一起时，毫无疑问，即使没有教师，他们也会互相取长补短、共同进步。要想改善人际关系，就必须明确人际关系的原则。

首先，建立良好的沟通基础。辅导教师应与学生单独交谈，进一步了解学生的情况，包括他们的生活、学习、家庭情况及个人爱好等，取得学生的信任，进而深入了解出现人际交往障碍的原因，给学生提供有效的建议。

其次，消除学生人际交往顾虑。学生产生自卑以及人际交往障碍，其中一条重要原因是他们很敏感。例如，周围同学的关心，有的同学就认为是看不起他或者取笑他。要想根除这种思想，就必须改变不客观的想法，克服社会认知中的偏差。事实上，如果自己过于重视某件事情，当别人提到该问题时，就会变得异常敏感，以至于谈论到该话题，就会认为是别的同学在议论自己。这个时候，他往往就会机械地将所交往的对象归于某一类人，不管他是否表现出该类人的特征，都认为他有这类人的特征，这种先入为主的想法常常妨碍学生的正常人际交往，必须消除这种顾虑才能保障人际交往的正常进行。

再次，提高学生的心理素质。人与人的交往，是思想、能力与知识及心理的整体作用，任何一方面的欠缺都会影响人际关系的质量。人际交往中如果存在社交恐惧，如自卑、冷漠、封闭、猜疑、自傲、嫉妒等不良心理，都是导致无法建立良好人际关系的重要因素。因此，要加强学生的自我训练，提高心理素质，以积极的态度进行人际交往。还要注重培养学生的优良品质，如真诚、信任、克制、自信、热情等，可以在高校学生的人际交往中获得很好的印象。

最后，营造良好的班级人际关系网络。良好的班级环境对学生的人际交往具有很好地促进作用，要发挥班干部的带头作用，给班级成员创造良好的交流沟通平台，让他们真正感受到集体的温暖，从而促进学生真心、坦诚地交往，让热情融化隔阂，让理解促进交往，使每个个体都能够建立起交往自信。由此可以看出，培养温暖、健康、和谐的班风，对于良好的班级人际关系的形成是非常重要的。

第三节　贫困学生的典型案例

一、案例介绍

小 Y 同学，来自湖南省某县，是一个非常要强的学生。2007 年小 Y 以全省高考前 1000 名的成绩考入北京某重点大学。刚入学时，小 Y 学习非常刻苦，还保持着高考时的学习状态。然而入学后不久，当小 Y 看到周围同学身着名牌，花钱大手大脚，而自己却仍穿着高中的旧校服，甚至连双像样的鞋子都没有，性格要强的小 Y 逐渐产生了自卑心理，不愿与同学交流，学习成绩也开始下滑。大一上半学期期末时小 Y 的母亲又因病不幸去世，这对小 Y 来说又是一个沉重的打击，渐渐地小 Y 变得孤僻和自闭，失去了对大学生活的信心。

在了解到小 Y 的情况后，辅导员先是安慰和鼓励他坚强起来，并通过学院为他送去了慰问金，之后带他去学校补办了家庭经济困难学生认定手续，并由学校出面联系了小 Y 家乡所在县的民政部门为其办理了相关的证明材料，使小 Y 顺利获得了国家助学贷款。在此之后，辅导员每周都会找小 Y 谈心，了解他的生活和学习情况并不断支持和鼓励他，并带他参加学校举办的成功校友讲座，通过聆听校友的奋斗历程来激励他。另外，辅导员还通过学校的学生资助中心在校内为小 Y 找到了一份勤工助学的工作，并耐心地劝说他放弃在校外的兼职。这样既可以使小 Y 有生活来源，减轻家里经济负担，也可以安心学习。经过一个学期的努力，小 Y 的学习成绩有了明显提高。

大二开学之初，小 Y 获得了学校的优秀奖学金和国家助学金，让他重新拾起了对大学生活的信心。在这一学期里，辅导员仍然定期与小 Y 谈心，并为其讲述一些家庭经济困难的学生如何通过自己的努力改变自身命运的事迹，不断从正面鼓励和引导他，帮助其树立人生目标。同时，为了使小 Y 在大二学年能够安心学习，辅导员还通过学校的“温馨家园”计划在中秋节、元旦和春节等节日为小 Y 送去生活补助和爱心大礼包，让小 Y 感受到学校的关心和温暖。通过多方面对小 Y 的帮扶和资助，他终于走出孤僻和自闭的阴影，以积极的心态面对大学生活。

大二学年结束时，小 Y 的学习成绩有了很大提高，获得了学校优秀奖学金、国家励志奖学金和国家助学金。这次获奖让小 Y 变得更加自信，在学习上也变得越来越得心应手。辅导员在学院为小 Y 联系了一名导师让他进入实验室为导师担当助手，这样不仅能使他学以致用，也可以获得相应的助研金用来支付生活费。在小 Y 进入实验室的半年里，辅导员也多次找他谈心了解其生活和工作情况。每当小 Y 取得一定成绩时辅导员都会给予充分的肯定并鼓励他继续努力；小 Y 在实验中遇到困难时，辅导员会鼓励他不要放弃。半年实验室的工作和生活使小 Y 得到了导师对他科研能力的认可。大三下学期，小 Y 在实验室做的一个科研项目在全校学生科技竞赛中获得了二等奖，他得到了学校和学院的奖励。此时的小 Y 已经向着自己的人生目标扬帆起航。

大四学年秋季学期开学之初，小 Y 再次获得了学校优秀奖学金、国家励志奖学金和国家助学金，并获得了本校推免研究生面试资格。如今小 Y 开始了人生新的篇章。

二、分析诊断

小 Y 原本是一个家庭经济困难、性格内向孤僻，还有些自卑的普通大学生。由于地处偏远、信息闭塞、思想观念较为落后且家庭突遭变故经济压力较大，小 Y 进入大学后，面对大学生活时曾一度“手足无措”。在辅导员发现小 Y 的问题后，根据高校学生资助的有关政策，及时帮助他进行家庭经济困难生认定，使其在经济方面得到资助，解决了生活上的后顾之忧。同时，辅导员通过耐心细致的教育和关心，使小 Y 在思想上得到引导，在情感上得到关怀，在心灵上得到温暖，帮助小 Y 一步步走出了困境。在此过程中，辅导员还结合小 Y 的进步与发展，帮助他找到在实验室做助手的勤工俭学的机会，使他既能够在经济上得到更多的资助，又在学业和能力提高上得到提高。最终，小 Y 走出了当初的阴霾，跨入了更高的平台。

三、辅导策略

小 Y 的情况是家庭经济困难学生经常遇到的困惑。对于这种较为典型的问题，第一，要让他进行家庭经济困难生认定，使其能够享受到国家对于经济困难学生的相关资助政策，帮助其解决生活上的后顾之忧；第二，要给予他必要的关心、关怀和教育引导，让他得到心灵和情感上的温暖与认同，并让他明白暂时的困难并不可怕，重要的是要通过自身的勤奋和努力，创造未来的精彩人生；第三，要给他创造更多的机会，使其能力得到综合锻炼与提高。例如，提供一些有助于促进其学业和能力提高的勤工俭学的岗位，使他在劳动中获得经济资助，并获得能力的提高。最终，让他走出困境，走向成功。

家庭经济困难学生的适应和成长需要高校教育工作者更多的关心与关注，在他们中间，有很多学生因为受家庭经济环境影响，容易形成内向、孤僻和自卑等性格和心理特征，而且他们的自尊心一般也比较强，这就需要教师既要给予他们更多的关心与帮助，又要注重工作方式方法，避免他们的自尊心受到伤害，还要引导他们以更开放、积极的心态对待高校生活和成长过程中遇到的问题。资助工作的目的是为了育人，在对家庭经济困难学生的帮扶过程中，一定要将资助与育人结合起来，帮助他们更好地成长。

第四节　就业创业辅导的典型案例

一、案例介绍

小李，某工科专业本科生，来自山东农村。大一时，通过学院和学校安排的各种职业发展辅导活动，接触到了职业生涯规划的有关知识，了解了大学生生涯规划的步骤和方法。后在学校就业指导教师的帮助下，制定了职业生涯规划的目标、计划和行动方案，并一直为此而努力，最终获得了很好的发展。

小李通过对自自身兴趣、能力、价值观与职业信息的探索，初步确立了走技术发展的路线：毕业后考研究生—研究生毕业后去跟自己专业相关的科研院所—将来从事跟科研相关的管理工作。

通过对目标的分析，小李认为如果要顺利进入自己向往的科研院所，第一，需要有研究生的学历；第二，要在科研工作上取得一定的成绩；第三，要有良好的表达能力。将来要想从事管理工作，还需要在领导能力、沟通能力上不断进行提升。

小李对自己的现状进行了分析，他认为自己的不足是，家庭条件差，见识少，说话有地方口音，所以导致自己不自信、不敢表达、不敢争取。但是也有优势，如学习成绩好、肯吃苦、踏实。

基于以上的分析，小李给自己制订的目标是在保持良好学习成绩的同时，积极参与各种社会实践活动，以及班级、学生会、社团等工作。具体计划如下。

第一学期：因为成绩好，所以选择从担任学习委员开始，在为大家提供服务的同时让自己得到更多锻炼，同时学习成绩要名列前茅。

第二学期：申请担任小班长，承担更多的工作，锻炼自己的组织协调能力，暑假期间要尽力争取实习的机会，学习成绩要名列小班第一。

第二学年：担任大班的学习委员或班长，在更广阔的舞台上得到锻炼。

第三学年：担任学院学生会常代会主席，成绩能够保送研究生。

第四学年：尽量争取担任学生辅导员，并保送研究生。要在能力、知识两个方面有更大的提升。

这虽然只是一个简单的计划，但是却让小李有了前进的动力和无穷的干劲。在四年的大学生活中，每一个学期的工作和学习并没有完全跟计划一样，但是方向一直没变。

大学毕业时，小李已经是一个自信乐观、善于表达、成绩良好、科研能力强的优秀毕业生，不但顺利保送了本校研究生，也如愿担任了低年级学生的辅导员。

虽然不知道小李是否能最终达到他的职业理想，但可以预期的是小李一定会在职业目标的激励下，一直努力前行。

二、分析诊断

案例中的小李是一个优秀学生的代表，但是这种优秀并不是从最初就有的。他从上大学之初的懵懂，到毕业后的优秀，职业生涯规划的干预起到了重要的推动作用。

小李很幸运在开学之初就接触到了职业发展与就业指导，通过参加各种相关活动，唤醒了他的职业生涯规划意识。同时，在这种意识的指导下，进行了自我和社会认知，较为清晰地制定了职业生涯目标和行动计划，并在这个计划的督促与提醒下，充分、有效地利用大学时光，达到自己的职业目标。

三、辅导策略

有的学生大学毕业，回首整个大学生活时感觉什么都没学到，但有很多学生在毕业时收获满满。这其中的区别不是智商高低，更不是读书时间的区别，最大的不同是是否在目标指引下不断前进。小李是幸运的，他的大学生活在目标的激励下过的充实而有意义。

对学生进行职业生涯教育，通过帮助学生在自我认知、社会认知的基础上，确定自己的职业目标，了解职业目标与现实中自我的差距，根据差距制定行动计划。需要注意的是，找不到职业目标的学生中，有的是因为对自我的认知不足，有的是缺乏对社会的了解，还有的是不知道如何去行动。原因不同，采取的方法也不同，辅导员与相关教师要学会分辨其中的区别，并有针对性地进行辅导。

第六章　高校学生事务管理模式的优化路径

第一节　全面质量管理视角下高校学生事务管理模式的构建

一、将全面质量管理引入高校学生事务管理的必要性

全面质量管理（TQM）的概念最早由美国质量管理专家菲根堡姆提出，后经演绎与发展，在20世纪六七十年代盛行于日本工商界，20世纪80年代初又被引入欧美企业界，并得到迅速推广。

全面质量管理的基本方法可以概括为“一个过程”和“四个阶段”。“一个过程”即企业管理的过程。美国的质量管理专家戴明把“管理是一个过程的理念”运用到质量管理中，总结出了“计划（plan）—实施（do）—检查（check）—处置（action）”的四阶段循环方式，简称PDCA循环。其中“质量”的含义是多方面的，不仅包括产品服务质量，还包括工作质量，要用工作质量来保障产品服务质量。TQM是全过程的质量管理，不仅要管理生产制造过程，还要管理采购、设计、储存、销售、售后服务的全过程。

将全面质量管理引入高校学生事务管理的必要性，有以下几点。

（一）有利于落实学生为本的服务理念

随着高等教育国际化和大众化的深入推进与教育市场机制的引入，教育行业之间的竞争日益加剧。高校学生事务管理工作采用全面质量管理理论，是落实服务理念、增强高校市场竞争力的必然选择。一方面，通过树立以学生为本的服务理念可以调动大学生在校参与各项活动的积极性和主动性，营造民主、平等的校园氛围，体现办学的公平化、民主化，促进学生进行自我监督、自我管理。另一方面，通过持续改进质量的方法能够促进高校树立现

代化的高等教育管理服务理念，促使决策者和参与者借鉴企业的管理理念，从质量战略的角度出发，确保高校的教育服务质量；高校各学生事务管理工作部门需要不断创新，转变工作思路，改进工作方式，进一步明确高校各部门、各岗位的职责权限，提高高校学生事务管理工作者的专业水平、业务能力等，协调高校的一切教育资源形成合力，促进高校教育资源发挥最大效用，从而增强高校的市场竞争力。

（二）有利于优化资源配置、降低沟通成本

高等教育正由以往的精英化向目前的大众化趋势转变，在校大学生人数迅猛增长，高校应该尝试采用企业先进的管理运行模式，通过校企合作，树立“为教育护航人人有责”的观念，强调全员参与、全过程参与，教育学生、传授知识应该当作学校、社会、企业和国家的共同责任；同样，高校对学生教育的认证和应用也是在上述的多方参与合作中完成的，因此需要各方参与者在自由、平等的基础上进行决策，以提高决策的科学性和民主性，使大学生能够接受并有效执行，要引导在校大学生进行自我监督和管理，从而提高学生事务管理工作的资源利用率，达到资源利用最优化，降低高校学生事务管理沟通成本，提高高校的办学效益。

（三）有利于提高学生事务管理的工作成效

教育质量作为高等教育的生命线，是高校学生生存和发展之本。高校学生事务管理的根本目的是提高教育教学质量，促进学生综合素质的发展。在《德洛尔报告》学习四大支柱综合教育理念的影响下，我国高等教育质量观的理论也在不断完善。如今高质量的教育目的不仅仅是培养德、智、体、美、劳全面均衡发展的学生，更重要的是培养学生成为一名合格的“社会人”，引导在校学生学会求知、做事、做人和共处。鉴于高校学生事务管理包括学业、健康（生理、心理）、安全、法律、就业、文化、政治等诸多方面的内容，所以将全面质量管理理论引入高校学生事务管理中，有利于扩大学生事务管理工作的广度和深度，提高学生自我教育、自我管理和自我监督的能力，培养学生学会做人、与人共处等融入社会的素质和能力，提高学生的综合素质。此外，学校领导要站在质量战略的角度对高校学生事务管理工作进行规划，将学生质量放在教育管理服务的第一位，重点培养和提高大学生的综合素质能力，为高校的学生培养保驾护航。

二、将全面质量管理引入高校学生事务管理的可行性

（一）高校学生事务管理与企业经营管理存在共性

首先，高校学生事务管理与企业经营管理都是由人的行为构成的开放的社会人工系统，其特征是社会组织所共有的，根据外界环境的变化而变化，呈现出环境的适应性和关联性。其次，高校学生事务管理与企业管理就本质而言都是在资源有限的情况下，为“顾客”提供优质的“产品”或“服务”，两者可以在质量和服务意识上达成一致。再次，企业的生存和发展需要不断增加合作伙伴数量并加强与合作伙伴的合作关系；同样地，高校在日新月异的社会环境和教育环境中，也需要不断增加合作伙伴的数量，并加强与其合作。最后，企业的经营管理与高校办学管理都要遵循共同利益的原则。企业在生产经营过程中需要不断扩大规模并建立新的伙伴关系，从而借助合作伙伴的专业知识、技能和拥有的资源，达成双赢或多赢的局面，这一点在教育领域也不例外。

（二）全面质量管理原理具有普适性

全面质量管理理论作为人类质量管理的新成果被广泛应用在事业单位、政府部门和社会团体等机构。首先，从管理者自身角度来看，任何社会组织都需要不断改进管理水平来提高组织内部成员和外部客户的满意度；而全面质量管理理论坚持的持续改进质量、全员和全过程参与等原则同样适用于高校，高校也需要根据外部环境和服务对象的改变来调整办学目标。其次，随着微型社会高校的“类企业”行为和在校大学生行为的社会化倾向日益明显，高校学生事务管理采用全面质量管理理论，注重学生事务管理的社会化，是加强高校学生事务管理效果的必经之路。最后，采用全面质量管理理论，有利于全面提高高等教育质量、提高人才培养质量、提升科研水平以及增强高校的社会服务能力。提高教育质量是高等教育发展的核心任务，是我们国家强国战略的基本要求，因此，在全面质量管理理论的指导下，可以推动高校创新组织模式，完善以质量为导向的科研评价机制，促进高校人才培养、科学研究、社会服务整体水平的全面提升。除此之外，全面质量管理的相关理论还适用于高校的教育质量和人才评价体系。高校将全面质量管理理论与教育教学质量和人才评价制度相结合，可以构建科学多样的评价体系

和标准，开展学校、家长、政府、企业等多方参与的育人质量评价活动，不断改进和完善高校的综合素质评价体系，创新和探索促进学生发展的评价方式，为高校办学、人才培养提供良好的环境，树立以质量为导向的，科学的人才培养观。

三、将全面质量管理引入高校学生事务管理模式的策略

（一）树立“以学生为中心”的教育服务理念

随着教育行业的市场化，身为教育对象和教育消费者的大学生群体，既是高校的“产品”也是高校的“客户”，所以高校学生事务管理工作的观念要不断与时俱进，在教育、管理与服务运营的过程中应该树立“以学生为中心”的教育服务理念，彰显学生事务管理的服务性。

首先，高校学生事务管理的工作者应该树立全新的“以学生为中心”的教育服务理念。在高校内可以通过校园广播、校园网络平台、专题讲座等形式对学生事务管理工作各级人员开展以学生发展为导向的教育宣传工作，使高校学生事务性工作的管理者和一线工作人员真正做到关心学生学习和生活、维护学生利益、关爱学生发展。学生事务管理工作人员在日常中要想落实“以学生为中心”的教育服务理念，充分肯定学生的主体地位，将学生放在首位，一切工作以学生为切入点，以学生的成长发展为前提；将教育和服务融为一体，为学生提供个性化和多样化的专业咨询服务，做到对学生尊重、关心、支持，从而有效塑造学生的个性化、多样化发展；建立完整的学生生命观，把学生看作是完整的、发展中的人，每个学生都具有巨大的发展潜力和独特性，都是独立于教师意识之外的、不以教师的意志为转移的客观存在。总而言之，高校学生事务管理工作及活动的开展要充分发挥学生的积极性、主动性和创造性，帮助和引导大学生实现自我教育和自我管理。

其次，高校应将“以学生为中心”的理念与学校文化相结合。只有这样，才有利于将“以学生为中心”的理念融入高校学生事务管理工作，并深入学生事务管理工作人员和大学生的心中。例如，某高校将“明德、博学、守正、出奇”的校园文化与“以学生为中心”的理念相结合应用到学生事务管理工作中去，得出“大学之道，在明德，在亲民”的教育理念。“亲民”即是“亲学生”，学生事务管理工作的各级人员要尊重学生、关心和爱护学生，坚持“以学生为中心”。“博学”是在学习上要兼容并包、海纳百

川，培养学生学会求知。同时，在学生事务管理中也要有海纳百川的包容之心。“守正”即恪守规范、诚实守信、诚实做人、扎实做事，这就要求学生事务管理工作要培养学生学会做人、学会做事、学会共处。“出奇”即要解放思想、开拓进取，要求学生事务管理工作要不断与时俱进，开拓进取。

最后，高校要通过市场调查明确大学生和学生家长对高校教育服务的需求，通过政策分析明确国家和社会发展需要的人才类型。学校领导结合高校自身和在校生的实际情况，制定合适的教育目标和教学计划，通过提供优质的教育服务，来满足大学生、学生家长以及社会和国家的需求，甚至超越他们的期望，这才是高校能够长期保持市场竞争力的有效方法。高校办学应以学生为中心、以服务学生为基础，为学生提供优质的教育资源和服务，以及为学生自由发展而创造的开放式的培养体系和空间，通过开设意见箱、学生公共交流平台使每项学生事务做到公平、公正和公开，从而保障学生作为教育消费者的合法权利、促进学生综合素质的提升，使每位学生在毕业之际成为学会求知、学会做人、学会做事和学会共处的合格“社会人”。

（二）构建“全员参与”的服务育人过程

高校学生事务管理应倡导“全员参与”的服务育人过程，彰显学生事务管理的全员性。全员参与一方面是指高校内部与学生事务管理工作相关的各级教职人员都参与到事务管理工作中来，充分发挥各级工作人员的创新性、协作性，引导学生实现自我管理、监督和服务；另一方面是高校与学生事务管理外部的“顾客”建立长期合作的伙伴关系。

首先，在高校学生事务管理中，可以为优秀学生代表设定、提供相应的工作岗位。学生自愿参加，党委组织部、校团委对报名者进行资格审查，各学院（学部）党委、校团委进行民主推荐，经过书面测试、面试、民主测评后，考察小组发布公告，进行组织考察，确定初步人选，校党委常委会研究并决定拟任用人选，同时公示拟任用人选，听取群众意见、接受群众监督，公示无异议的任职人选办理任职手续，选取两名（在校全日制本科生、研究生）任校团委副书记。由学生担任高校的校团委副书记，不仅可以锻炼学生的领导、组织管理能力，更重要的是架起了领导与学生之间沟通的桥梁，体现了“以学生为本”的高校管理服务理念。所以，高校可以采取上述形式吸收优秀的学生代表参与各项学生事务决策。这样做的目的，一是使优秀学生代表向校方表达广大学生群体的诉求，并向学生传达校方各项学生事务管理服务工作的目的和意图；二是能够有效监督高校合法行使管理权，促进高校学生事务管理的科学发展；三是有利于激发广大学生群体的主人翁意识，充分调动和发挥学生的积极性、主动性，引导学生实现自我教育、自我监督和自我管理。

其次，吸收学生代表进入院系的各项学生事务管理工作中去。各个院系可以借助学校勤工助学系统或各学院内部官网，发布为大学生专设的岗位，本着公平、公正、公开的原则，按照岗位的用人通知、任职资格和职位要求，学生自愿报名，院系进行资格审核，上岗培训，试用审核，双选签约，有偿聘用优秀的大学生甚至研究生参与到各项学生事务管理服务工作中去。可以减轻辅导员和其他工作人员的工作压力，提升学生综合素质；使大学生深入了解学生事务管理工作的意图，有助于学生事务管理工作的推进；还能不断为学生事务管理工作增添新鲜血液。

最后，要充分发挥非正式组织的积极作用，通过非正式组织吸收广大学生群体参与到各项学生事务工作中去。高校和院系要肯定、允许并支持非正式组织的存在，本着民主、平等的原则做好与非正式组织“领导”和“带头人”的沟通工作；在日常的各项学生事务管理工作中，可以尝试通过老乡会、各种兴趣爱好小组、社团等非正式组织开展学习，充分利用非正式组织发挥桥梁、纽带的积极作用，构建出非正式、多样化、多要素的学生事务管理模式和格局。

（三）推行“全过程参与”的学生事务运行、考核政策

高校学生事务管理部门的工作人员应该同企业内部员工一样，在各自负责的工作领域中参与工作流程的制订、运行、考核、反馈等，这样就能实现高校学生事务管理工作的“全过程参与”，彰显学生事务管理的全过程性。如果高校就业指导工作做的不到位，毕业生找不到工作，就会使他们缺乏安全感和社会归属感，不利于国家的经济发展和社会秩序的稳定。此外，各高校毕业生就业率也是评价高校知名度、美誉度、办学质量和水平的重要指标，将直接关系到高校在教育市场的竞争力。因此，高校毕业生的就业事务管理就成为高校学生事务管理工作中的重中之重。高校毕业生就业事务管理工作主要包括就业咨询指导工作、就业招聘组织工作、就业市场开拓工作和就业流程管理工作四大部分。其中，就业咨询指导工作包括就业指导队伍建设、职业测试分析指导、职业生涯规划设计指导、求职咨询指导和创业咨询

指导五项工作；就业招聘组织工作包括优化校园招聘会、完善网络招聘平台两项工作；就业市场开拓工作包含就业市场定位、利用就业市场资源和就业市场调研进行反馈三项工作；就业流程管理工作包括建立和完善就业信息数据库、发布就业信息公告、就业手续办理三项工作。

高校毕业生就业事务管理具体工作都由专业部门和特定的工作人员负责。以就业流程管理工作为例，“全过程参与”就是指负责建立和完善就业信息数据库的工作人员不仅仅要完成本职工作，还要适当的参与到发布就业信息公告和就业手续办理的工作中，加强与其他作业流程的工作人员沟通交流，这样就可以了解到毕业生需要什么样的信息，以及采取什么样的形式向学生呈现信息最有利于他们对信息的获取和利用等。同样，发布就业信息公告的工作人员也要参与到建立和完善就业信息数据库以及就业手续办理的工作中；就业手续办理的工作人员也要参与到建立和完善就业信息数据库以及发布就业信息公告的工作中，最终就使得就业流程管理各项工作能够相互配合。同理，就业咨询指导工作、就业招聘组织工作、就业市场开拓工作的工作人员也要相互沟通配合，最终使得高校毕业生就业事务管理工作高效、高质量的完成。

（四）引入 PDCA 循环，优化创新事务管理模式

通过引入 PDCA 循环理论，能够使学生事务管理工作的目的性和针对性更强；通过对学生事务管理模式的不断优化和创新，能够彰显学生事务管理的创新性。

按照 PDCA 循环模式对高校学生事务管理的具体运行模式进行调整，使学生事务管理工作经过一轮一轮的循环，不断改进和完善各个环节，推进高校学生事务管理向前发展，从而使 PDCA 循环在实现高校学生事务管理质量的持续改进中发挥出最大的作用。

高校学生事务管理是整个学校学生事务管理过程的核心，是推动管理工作循环前进的主要动力，是形成 PDCA 循环过程体系的前提，主要有以下四个阶段。

第一阶段：高校学生事务管理各项工作计划的制定需要根据国家的有关政策、社会环境、大学生的思想以及成长发展需求不断变化，所以需要不断更新和改进。计划的制定需要围绕“5W1H”进行，即要做什么（What）、为什么要做（Why）、何时做（When）、何地做（Where）、何人做（Who）

以及如何做（How）。学生事务管理工作具体步骤是通过市场调查了解大学生的成长发展需求，校内学生事务管理部门进行工作问题调查，分析学生事务管理工作中存在的问题，学生事务管理专家和工作人员查找问题产生的主要原因，并寻找相关的解决对策，如此循环使高校学生事务管理工作不断改进和完善。

第二阶段：高校学生事务管理的执行、实施过程。就是工作人员将事先制定好的计划有效落实，从而确保目标的实现的。具体工作步骤包括分解目标、将计划细化、组织协调资源、进行配置人员、实施具体行动。

第三阶段：学生事务管理的评估过程。就是学生事务管理部门通过评价体系，对学生事务管理活动的目标、计划、实施和控制等环节进行评判，以便发现和解决问题，并及时改进和完善学生事务管理活动过程。具体工作步骤主要包括确定评估机构、制订评估体系和方案、宣传评估意义、评估信息的搜集整理、评估报告反馈。

第四阶段：学生事务管理的控制和处理过程。就是学生事务管理部门根据反馈的信息对学生事务管理活动进行更正的过程。具体工作步骤包括通过总结经验，将学生事务管理工作过程中成熟、有效的工作方法和程序纳入标准运行规定章程中；将实施中出现的问题进行分析、整理并存档，防止在日后出现类似问题；对未解决的问题或出现的新问题进行分析，查找原因，制订新的解决方案，纳入下一轮 PDCA 工作循环进行解决。

（五）采用“持续改进质量”的质量管理观

高校想要在教育行业长久立足，仅靠教育、科研和社会服务是远远不够的。所以，高校必须对自己的“客户”提供高品质的教育服务，使“客户”满意，才能提高自身的知名度和美誉度。因此，高校学生事务管理在工作人员和工作过程两方面都应该采用“持续改进质量”的质量管理观，构建科学的质量保障体系，彰显学生事务管理的可持续发展性。高校辅导员是全面涉及各项学生事务管理工作、直面广大学生群体、为学生提供教育服务的一线工作人员。辅导员的工作质量将直接影响学生事务管理工作的实施效果，因此，高校要持续改进和完善辅导员的选拔和培养机制。高校辅导员的招聘、选拔、培养录用以及考核都应该通过专业的质量方针评审、质量目标的考核修订、内外部的管理审核及材料分析处理，并采取一定的纠正和整改措施，持续改进辅导员的选拔、培养、任用和考核工作。

首先，高校应制定一个辅导员选拔的指导性文件，各个院系在参照此文件的基础上，根据本院系的实际情况，严格按照指导性文件拟定发布招聘启事、接收报名、审核材料、公布合格人员名单、笔试、面试、公布复试考核名单、提交拟录取报告、校级部门审核、学院公布录取报告的流程，始终坚持“公平、公正、公开”的选拔原则。在辅导员选拔工作结束之后，应该按照相应的质量方针、质量目标进行内外部审核，及时发现问题并对其进行改进，对于出现的选聘人员不合格等重大问题要及时采取纠正措施。

其次，高校应不断改进辅导员的培养和任用工作，多提供一些外出交流学习的机会和平台，加大辅导员的培养力度，提升辅导员的综合素质；在辅导员的任用过程中，应及时按照相应的质量方针、目标等进行内外部的考核，及时发现辅导员工作中的问题并采取一定的整改措施，不断完善和改进辅导员的工作。

最后，高校应该构建质量评价体系，建立奖励制度、处分程序和有效的申诉机制，对辅导员的学生事务管理工作进行考核和评价。通过民意测评的方式，在公平、公正、公开的原则基础上，按照考核通知及标准进行院系领导考核、学生考核、自我考核、学工处审批考核的流程。学工处将考核结果优秀的辅导员资料反馈到所在学院，并对其实施相应的奖励；将不合格、不称职的辅导员考核资料反馈到所在学院，按照惩罚规定进行惩罚。

除了通过对辅导员的选拔、培训、任用和考核来持续推进质量改进以外，高校学生事务管理工作也应建立相应的质量评审机制，明确学生事务管理工作中各部门和各岗位的职责，设计各项工作的质量评审标准和指标权重；完善学生事务管理工作运行过程中的沟通、协调问题，从而减少部门、岗位之间因为职责不清出现的相互推卸责任的现象；严格按照事先制订的质量考核标准、对象、指标及权重、方法进行考核，对于学生事务管理工作中出现的问题进行及时纠正。

第二节　“书院制”视角下高校学生事务管理模式的构建

教育事业的蓬勃发展离不开对传统教育与当下教育的继承和发展。近年来，“书院制”的教育模式日益引人注目。“书院制”的教育借鉴了中国传统书院重视人文教育、通识教育模式，强调开放教学，将学生事务与学术事务有机融合等方面的特点，是新时期学生事务管理的创新模式。

一、“书院制”模式的基本特征

（一）以学生为本，重视全能教育

“书院制”模式以学生发展需求为根本，在服务管理过程中为学生提供更多平等交流的机会、更多的活动空间和更好的服务环境，充分尊重和发挥学生的主观能动性，满足学生的合理需求，提高学生事务管理效能。例如，西安交通大学的书院强调学生进行“自我教育、自我管理”，书院党总支委员多数为学生，总支副书记也由学生选举产生。书院每年召开两次学生代表大会，审议书院工作；书院还会组织文体活动，注重发挥学生的自主性；学校的咖啡屋、书社等服务机构，基本交由学生自主经营和管理，提高了学生的社会适应能力。

（二）课内外融合，倡导通识教育

在“书院制”模式下，书院和大学、院系既互相独立，各司其职，又注重课内外教育的交融。书院主要承担教学计划以外的日常生活管理、通识教育课程和隐性教育，院系则负责基础理论、专业知识的传授及基础科学研究指导，通识教育和专才教育紧密结合，促进学生健康发展。

（三）全方位育人，注重师生交流

在“书院制”模式的教学环境中，不同院系、专业的学生吃、住、活动在一起，可促进不同专业背景的学生在思想、情感、文化、信息等方面的沟通交流，有利于开阔学生的心胸、视野，并提高他们的能力。书院通过各种方式去促进学生之间的交流，使师生关系更加密切。除了学生之间的交流，书院也倡导学生与权威人士以及社会贤达的常识性沟通，进一步促进双方的理解交流。例如，西安交通大学经常邀请知名教授、社会贤达担任院长或名誉院长，常任导师则按 5% 的学生比来配备，主要承担辅导员角色，在沟通实效上颇有亮点。

（四）设施齐全，重视特色文化建设

在“书院制”模式中，除了学生宿舍和食堂外，书院内还设有多媒体实验室、图书阅览室、学生活动室等。同时，各个高校的书院都非常重视文化传统和特色建设。

二、“书院制”模式的实践思路

（一）功能定位和目标建设

第一，整合与人才培养相关的管理和服务功能，集通识教育、养成教育和学业指导于一体，将书院建设成为兼有文理学院和住宿制学院两种功能的二级实体单位，形成学生对专业院系和书院的双重文化认同。

第二，统筹协调，尊重学生兴趣和选择，配备优秀指导教师，建设优质课程资源，提供个性指导和帮助，打造面向全体学生的教育教学和职业养成平台。

第三，构建以完善人才综合素养、培养科学的思维方式为目标的通识教育体系，探索多元分层和多途径学习的人才培养模式，逐步形成集课堂教学、实践创新、指导服务、养成教育于一体的协同育人格局。

第四，在学生对书院与相关专业院系双重认同的基础上，积极营造有利于提升专业知识、技能与品行的学习环境、生活空间和文化氛围，尤其是在同伴合作、表达交流、领导团结、尊重关爱等方面产生重大影响。

（二）组织管理架构

1. 行政管理组织体系

参照实体学院的模式建构党政管理架构，并实施党政联席会议制度。

书院设院长 1 名、书记 1 名，院长由具有较高学术造诣、丰富的教育教学经验、乐于并善于与学生沟通交流的专家担任；副书记（兼副院长）1 名，分管书院学生事务管理（可由学工部副部长兼任）。

书院下设书院办公室、教务与学业指导办公室、学生事务办公室。

书院办公室发挥综合协调作用，协助书院领导做好书院日常工作的安排和协调，做好书院各类会议的组织工作，书院内人事、财务的管理工作，校内外的来访接待工作。

教务与学业指导办公室负责学生的选课和运行、课程建设和管理、科研训练、实习、学业指导等。工作人员以应届生为主，也可从院系教务员、辅导员中适当招聘。

学生事务办公室（含学生团学办公室）负责学生管理工作，由1至2名行政人员、若干名辅导员、助理辅导员（由学生兼任）组成，负责公民教育、生命教育、社区活动、心理咨询、学籍管理、奖助学金评定等各项事务。

2. 相关决策与咨询委员会

校教学委员会下设通识教育课程建设委员会。通识教育课程建设委员会由对通识教育有深入研究，以及具有通识教育课程教学实践且反馈良好的校教学委员会委员和其他相关人员组成。该委员会的主要职责是统筹规划学校通识教育的建设目标和思路；设计论证学校通识教育体系和课程模块；实施通识教育的课程建设和评价。

三、“书院制”模式的优势

（一）培育和塑造特色鲜明的书院文化

书院文化是凝聚和团结书院师生的无形力量，是书院得以存在和发展的核心。在书院建立发展的过程中，特色鲜明的书院文化对学生的归属感、凝聚力的形成，以及价值规范的构建具有强烈的指引作用。硬性的制度管理显然已经不适合现代书院的学生管理体制，在大力推广“书院制"的同时，不能忽略书院文化的重要支撑作用。但书院自身特色和文化的形成需要一个长期的过程。目前国内部分高校建立的书院，发展时间短暂，还没有形成具有自身鲜明特色、较为稳定的文化氛围。尽管不少高校的地理位置、物质环境、文化传统已有各自特色，但是面对的社会需求可能相对单一。所以，形成有特色的书院精神和文化传统，需要几代甚至几十代师生的共同努力。

（二）不断强化管理部门间的合作与分工

传统大学院系偏重“条线”的管理，书院模式更加突出“块”的服务，隶属于大学的书院与地位平等的专业院系、二级管理部门如何分工与合作，是近年来书院发展中难以回避的难题。笔者认为，书院及其内设机构主要应该凸显出为学生服务的各项功能，“条线”的管理主要通过大学二级部门进行“一站式”解决，但是服务与管理往往难以绝对区分，二者的分工合作应该同等重要。当前，既要积极探索书院的行政架构设置、人事安排、教师资源的开发与利用，同时也要明确大学管理部门与新设书院之间的分工协作关系，明确书院与院系的管理职责、各自工作边界和相互支持关系。这些都直接关系到书院职能目标的达成，也是书院顺利实施和发挥优越性的关键。

（三）重视导师队伍的建设管理水平

在书院发展过程中，导师扮演着重要的角色，他不仅关注学生的兴趣爱好，还要在自觉自愿的前提下，培养他们探究未知、强化思辨的能力，以及独立解决问题的能力。目前，不少高校都为新设书院配备了相关的人员，包括学业导师、管理教师以及专兼职辅导员等不同角色，负责学生学习生活方面的咨询指导。由于肩负了学术事务、学生事务的双重职能，对导师队伍也有了更高要求。首先，要有准入标准，要确保有视野、有认知、有能力、有爱心的师资进入这一领域，量化分类标准。其次，要提高培训力度。为导师提供培训或交流的机会，学习先进的管理理念和背景知识，为他们的专业成长和发展创造机会。最后，要建立完善的激励机制，在薪酬待遇、职称评定方面，参照学术领域的可比较人员，提供对等标准和机遇。在发挥导师作用的同时，还要充分发挥学生自我管理的作用，为学生提供更多的参与书院管理的机会和平台，共同促进书院管理水平的提升。

第三节　协同治理视角下高校学生事务管理模式的构建

一、以协同治理理论为指导，更新管理理念

（一）由管理到治理的理念

过去学生事务管理模式中，管理理念占据主要地位。学生事务管理者在这一理念的指导下，把自己置于学生事务管理的中心，将学生事务管理视作机械化工作，缺乏服务学生、发展学生的意识。而在协同治理的引导下，学生事务管理者将管理理念更新为治理理念，积极引导学生参与治理过程，并

为学生创造参与环境和参与平台，实现学生事务管理过程中的双向互动，满足当前学生个性特点和发展需求，为学生提供更优质的管理服务，促进学生事务管理模式向高效优质发展。

（二）以学生为本的理念

学生是学生事务管理的中心，学生发展是学生事务管理的目标所在。中共中央 国务院《关于进一步加强和改进大学生思想政治教育的意见》明确了“以人为本”在学生事务管理中的指导地位，从政策层面给予了权威支持。学生事务管理要坚持以学生为中心，尊重学生个体差异，深入实践、了解学生，才能制定科学合理的管理计划，构建高效高质的管理模式。同时，还能减轻学生事务管理部门在学生心中行政管控的固化印象，促进学生事务管理者和学生之间的有效互动和合作治理效果，使其全面发展，为社会主义现代化建设培养可靠建设者和接班人。

（三）多中心协同的理念

高校学生事务管理涉及多个部门、多元主体，为确保运作规范，提高各方的互动程度，应通过法律制度明确各管理主体之间的管理职责和依赖关系。在这一管理过程中需要各个管理主体相互交流、相互协调、相互合作。各参与者之间为了实现共同的目标积极进行互动。在日常工作中，一定要牢固树立多中心协同理念，独木不成林，任何单一管理主体都很难有效实现高校学生事务管理目标。在树立多中心协同理念的同时，也要学会使用正式的协同方式进行互动和决策，并对结果分别承担相应的责任。

二、以专业规范为基础，健全保障制度

凡事预则立，高等学校学生事务管理模式也需要有权威的制度保障，这就要求健全当前高校学生管理制度，并且配备完善的制度监督和评估机制，保证规章制度的贯彻落实。

（一）管理组织制度保障

要以规章制度的形式明确学生事务管理职能各部门的权责划分。一方面，学生事务管理职能部门要根据管理内容和活动按照部门属性进行科学分

工，避免出现权责真空。制定学生事务管理职能部门的行为规范，明确管理目标和绩效考核标准。另一方面，学生事务管理职能部门要加强一线学生事务管理人员的直接领导，规定工作范围，为学生事务管理者创造条件，以便有更多时间和精力融入学生中去，心无旁骛地进行学生事务管理的本职工作。

高校学生事务管理模式的实施需要一支能力较强，并且能够处理学生事务管理工作过程中各种复杂情况的人员队伍。一方面，健全人才选拔和聘任机制。学生事务管理者不仅要具备丰富的专业理论知识，还要具备一定的组织管理能力和沟通协调能力。同时，科学合理的培训考核与奖惩机制也不可缺少，有助于学生事务管理者自身能力的提高，增加他们的职业获得感和归属感。另一方面，完善工作考核和培训机制。对于学生事务管理人员的工作要建立相对量化的科学的考核标准，并为其建立长期的职业发展机制。此外，相关高校可以开设学生事务管理专业学科，加强学生事务管理专业的人才培养。当前，我国将思想政治教育专业出身的学生视为学生事务管理的专业对口人员，但随着学生事务管理内容的日益丰富，思想政治教育专业已不能满足需求，学生事务管理专业成为一门独立学科十分有必要。

（二）学生参与制度保障

学生在学生事务管理中具有双重身份，既是学生事务管理的对象，又是学生事务管理的主体之一，更是学生事务协同治理的核心力量。学校要以制度确保学生在学生事务管理中的参与权，并拓宽参与平台和参与途径。同时，学生干部作为学生群体的代表，从学生中来，更贴近学生、了解学生，在学生事务管理中发挥着不可取代的作用。因此，高校要重视其素质和能力的提升，提高学生参与质量和参与效率，保障多元主体参与的高效性。在日常管理中，要加强学生干部队伍建设，定期提供培训和学习实践的机会，发挥他们的主体意识，让他们在参与学生事务的管理和服务中，实现自我教育、自我管理和自我服务，并以此示范他人。高校在学生事务管理模式运行过程中，将立德树人作为其工作目标，将学生利益作为其工作使命，将知行合一作为工作导向，致力构建符合学生发展需求和管理自治的参与机制。

三、以协调高效为中心，优化模式构建原则

（一）专业化原则

优化学生事务管理模式要坚持专业化原则。创建稳定可持续的学生事务管理模式，专业化的管理理念和管理人员必不可少。在专业理论指导下，管理人员运用科学的管理技巧和理论知识参与管理，为学生提供高质高效的管理和服务，也为实现学生管理模式的专业化奠定坚实的基础。

（二）学生主体原则

优化学生事务管理模式要坚持以学生为主体的原则。学生在学生事务管理中占据中心地位，要在管理和服务学生的基础上，充分调动学生参与事务管理的主动性和积极性，实现学生自我教育、自我管理、自我服务和自我发展。当然，学生参与管理时，需要遵循一定的管理规范。学生事务管理者在实施管理的过程还要正确引导学生，让价值观与国家发展、社会需要和个人成长紧密联合。

（三）个性化原则

优化学生事务管理模式要坚持个性化原则。基于协同治理理论的学生事务管理模式的优化，要尊重学生个性，在科学的学生差异观的指导下，将学生作为独立个体看待，要满足不同学生的价值诉求和发展需要，从而促进学生健康成长和全面发展。当然，学生事务管理者尊重学生的个体差异，也要根据具体情况，评估差异发展方向，为发展学生已有的、表现较为突出的才华和能力创造条件。

（四）协同性原则

优化学生事务管理模式要坚持协同性原则。学生事务管理涉及多个部门，各个部门都是为了一个共同目标而服务。因此，在日常工作中，要按照科学合理、权责一致的要求，对学生事务管理部门及其职能进一步优化。在模式构建时，要遵循协同性原则，一方面明确划分各部门职责，另一方面，加强各部门有效联动和有序协同。在管理过程中，要坚持分工到部门、分工

到个人的原则，科学分配其管理权力，形成自上而下的高效率组织体系，避免出现政出多门、相互推诿的情况。另外，在管理学生事务之时，还要做到有统有分、有主有次，统筹兼顾，理顺各部门之间的职责关系，保证不同部门有序运作，避免各自为政。

第四节　云计算视角下高校学生事务管理模式的构建

现代网络和计算机技术的发展为高校学生事务管理资源的整合、共享提供了条件。近年来，云计算越来越被人们熟悉，并且正以其强大的功能逐渐渗透到教育领域，影响教学方式和教育资源的建设、管理、共享。

运用云计算，技术来进行高校学生事务管理的数字化资源管理，建立依托“云技术”的高校学生事务管理数字化资源共享机制，能够整合分散在各职能部门的数字化资源，并在数据安全的基础上实现资源的数据共享、应用共享和服务共享，对学生事务管理的数字化资源进行标准化处理、协调调度和统一管理，解决学生事务管理系统重复建设、信息孤岛等问题，促进学生事务数字化资源的共享。比如，全国大学生云创业平台就是一个跨校的学生事务管理与服务系统，云创业平台不是物理空间的大学生创业园区的演化，而是全国大学生创业史上的一场革命。云创业概念的出现，使创业活动不再是资金、技术和少数精英的游戏，而是通过资源整合与网络手段，为各创业团队提供创业辅导、政策法规、名师辅导、在线帮助、团队管理、企业用户管理、师生用户管理。比如，华东师范大学学生处将“云共享”的理念付之于实践，经过多年努力，建立了学生工作管理信息系统，实现了资源信息共享、应用的有效集成、网络门户的全程“一站式”整合。该系统四年来的访问量已超过 151 万人次，成为高校学生事务管理中不可或缺的管理和服务平台。

“云共享”为高校学生事务管理提出了革命性的创新思路，其核心就是将所有资源、信息整合在一个平台上，通过现代信息分析技术，实现资源的最高利用，并以更优质的服务形式反馈给最终用户。“云共享”模式在高校学生事务管理中的运用将突破高校学生事务管理资源共享的瓶颈，它可以提高数字化的学生事务管理资源共享效率，同时降低共享成本，达到学生事务管理的系统数字化、服务便捷化、传播高效化、效果最优化的目标。

一、“云共享”模式的基本特征

“云共享”模式应用于高校学生事务管理系统，对促进学生事务管理数字化资源的共享有着非常明显的优势。

（一）统筹跨部门、跨系统的学生事务管理共享资源平台

目前，有的高校学生事务管理部门的数字化管理系统采取各自为政、相互封闭的方式，共享平台缺乏开放性和互联互通。已有的各种网络资源共享的探索，也仅局限在有限的范围，如为部分管理者、相关服务对象提供信息查询服务。传统高校学生事务管理数字化资源管理还存在软硬件资源重复投入、平台运行维护成本大、资源整合利用率低和信息系统安全性堪忧等现实问题。“云共享”模式则将学生事务管理工作中涉及的来自不同载体、主体、任务、资源、部门的信息进行融合，达到“合”与“分”的最佳平衡状态，提高学生事务管理服务效率和服务质量，实现高校学生事务管理数字化资源的科学、合理发展。

（二）节约学生事务管理资源共享建设成本

在学生事务管理方面建立“云共享”模式，可以节约高校学生事务管理资源共享的成本。目前高校分部门推进管理资源数字化的成本较高，包括初期服务器、终端及网络接入等设备的购置、日常系统运营及维护、设备更新等。“云共享”模式可以集中解决信息的互联互通和对象特性、行为轨迹研究，对硬件设备要求很低，无需大规模的投入，可以使建设成本大幅降低。目前，各部门之间网络资源的转换、交换、兼容和共享困难，利用云计算的协调能力，可以进一步实现异质、分散、自治的资源间的转换，从而实现兼容和整合，使信息共享更为密切有效，同时也省去了资源转换和整合的费用。

（三）改善信息处理效率和能耗比

“云共享”模式的创新点在于充分挖掘了新兴的互联网技术——云计算与高校学生事务管理信息、学生舆论引导以及师生日常交流方式之间的结合点，能够有效改善学生事务管理信息处理的效率和能耗比。建立“云共享”

模式，可以满足高校学生事务管理内部海量信息存储和处理的新要求，提升高校内学生事务信息交流的效率和满意程度，通过信息的全面挖掘，有针对性地分析在校大学生的思想动向和诉求，实现学生事务管理在工作成效和归属感上的显著提升。首先，使用云计算思想和技术进行大规模的信息处理（信息搜索、云端存储、分布式共享），比起现有的传统社交网络服务和网络论坛在效率上有质的飞跃。其次，通过信息技术算法，可以利用学生的公开交流信息进行高校舆情分析，代替了以往辅导员或职能部门人工调查大学生思想动态，并且在真实性上有一定的优越性。最后，可以结合微博的即时特点为高校内的大学生提供全新的、立体式的、本土化的服务。相比传统的网络论坛有着不可比拟的交互性和实效性。

建立健全“云共享”学生事务管理模式，努力将学生事务管理者从繁杂的事务中解脱出来，让学生事务管理真正落实“以人为本、和谐发展”的理念，实现跨部门、横纵贯通的融合式网络管理服务模式，搭建“全方位、网络化、立体式教育与管理”的公共平台，保障学生事务管理工作高效运转。

二、“云共享”模式的实践思路

基于当前高校学生事务管理的特点，在构建“云共享”模式时应以“和谐发展”和“科学管理”为原则，贯彻“六大融合”的理念：主体融合、载体融合、渠道融合、资源融合、任务融合、程序融合，通过“云共享”的方式突破学生事务管理数字化资源共享的瓶颈，为高校学生事务管理者提供工作便利，为学生提供更好的服务。

（一）主体融合

实现“云共享”模式的主体融合，不仅对信息技术有一定的要求，同时还需要学生事务管理的相关主体能积极发挥最大效用。这里的主体，既有从事学生事务管理的人员，也包含学生。高校可根据各自的管理体制和模式，设置用户管理和权限设置，在横向和纵向上形成层次清晰、分工合作的工作模式，充分调动各主体积极性，协同管理、统一指导、各方配合、任务明确、优势互补，适应多校区、信息化的发展和时代要求。

1. 多层次纵向贯穿

高校学生事务管理往往并不是某个学生或是某个学生事务管理者可以单

方面完成的，大多数管理任务都涉及学生、院系、相关职能部门及学校层面，因此，需要建设一支能适应高校学生事务网络管理要求的队伍。

针对目前不少高校实施学生事务管理时采用学校、院系、学生的多层传递方式，可以探索建立“学校职能部门、院系副书记、辅导员、学生”四个权限层次的角色，学生只能看到自己的信息，辅导员只能对其所管理学生的信息进行操作，院系副书记可操作整个学院的学生工作，职能部门看到的信息范围相应扩大。各用户权责分层、实现分级管理，进一步明确责任，将整个学生事务管理纵向贯穿起来；同时，充分体现学生主体意识，让学生参与到“自我管理”过程中，增加意见表达和机会选择途径。

2. 多用户横向联合

高校学生事务管理涉及多个职能部门，工作关系交叉、复杂。通过多用户多角色设计，为不同职能部门设立专门的角色，管理某方面的学生事务，在横向上搭建网络化、制度化的协同平台，加强各部门之间的沟通，协同完成各项学生事务管理项目，消除各部门之间可能存在的壁垒，提高管理效率。

（二）载体融合

实现一个门户多个职能，将不同部门具有的相对独立的信息系统作为子系统融合到同一平台上，统一进行认证，形成各子系统间的无缝互访。

（三）渠道融合

高校学生事务管理的“云共享”模式是将“录入上传”“审查修改”“参与反馈”“实时调用”“个性输出”等多种渠道融合为一体，以信息畅通的输入输出为前提，确保数据的完整性和准确性。

1.“录入上传”渠道

录入上传渠道主要用于大批量信息的集中录入上传。一般用在新生刚入学或新学期刚开始时，统一、有组织、依程序的集体录入和上传信息。一方面，学生事务管理部门可以将固定的、不可更改的部分学生信息，包括学号、专业、身份证号等统一上传到数据库，以保证数据的准确性和完整性；另一方面，教师要组织学生在规定时间内维护个人必要信息，确保信息的完整性。

2.“审查修改”渠道

在后期管理中设定隐含的审查限制条件，督促信息不完整者继续将信息补充完整。如果某些必要信息不完整，可能影响学生奖助学金申请，因此，要督促学生进一步补充完整个人信息。

3.“参与反馈”渠道

设置反馈渠道，让各级高校学生事务管理主体参与到管理过程中，如发现有错误或不准确、不完整的数据，要及时通过这些渠道反馈至管理员，经过审查核实后完善数据，及时更新。

4.“实时调用”渠道

通过“云共享”平台的建设，消除了异地办公带来的弊端。从事学生事务管理的人员可实时调用所需数据，提高工作效率，满足突发事件的时间需求，做到及时处理、适时应对。同时，学生也可以通过手机、电脑等终端随时查询需要的信息。

5.“个性输出”渠道

为节省制作各种报表、奖学金证书、在学证明、学生履历等花费的时间，可将多种模板格式输入网络平台上，实现个性化定制输出，大大提高工作效率。

（四）资源融合

高校学生事务管理中涉及的信息来自方方面面，融合学生事务管理中的各方面信息是整个“云共享”模式的基本要求。通过云计算内部导入、关联，以学生信息数据（学籍异动、家庭经济情况、奖助学金获得情况、保险理赔、档案管理信息）为基础，整合注册、勤工助学、学生困难认定与助学贷款、学习成绩、缴费、校园卡等数据信息，并将各类信息集成共享、适时推送，实现学生信息立体、全面、多维度的整合与共享，为学生事务决策判断提供支持和参考。

（五）任务融合

1. 任务集成，立体综合服务

将系统各功能模块化并集成于一个平台，实现网络“一站式”服务。如在一个平台内设置学生注册、奖助申请、网上考试、互动留言、保险理赔、档案转递等模块，为用户提供综合化服务。

2. 潜在制约，自动整合关联

学生事务管理项目涉及多个部门，各部门互相影响、互相制约、互为条件。任务融合并不是单纯将各功能模块和信息集成到一个平台上，而是在系统内部设定好制约条件，在具体的任务执行过程中，通过系统内部的关联机制自动调用相关信息，过滤不符合条件项，判断是否可以进行后续操作，防止学生事务管理者的误操作和误判断，避免出现操作的不规范化现象，有效保证学生事务管理工作的高效完成。高校学生事务管理工作内容繁多，通过潜在的任务融合能提醒管理者和学生进行正确操作，避免出现差错。例如，国家励志奖学金申请，主要进行下列关联检测：检测年级是否为大一、检测有无困难等级、检测成绩是否合格、检测是否获得过其他大额助学金、检测有无不良记录等，任何一个环节不符合条件的，系统立即停止继续审批操作。

（六）流程融合

流程融合是纵向时间层面上的集成化。学生事务管理涉及多层级用户有多个主体参与，因此，必然需要纵向流程的关联融合。多数学生事务管理项目的执行涉及多个环节、多个层次，它的完成是“学生、辅导员、院系副书记、学校职能部门”四级联动流程操作，学生申请后，辅导员才能操作；辅导员的意见，为院系副书记提供参考；院系意见为学校提供决策支持。各层之间相互制约、环环相套、层层限制。同时，每个层的操作都有时间限制，系统根据时间自动进行某些功能的开放和关闭，使学生事务管理呈现规范化、流程化操作。例如，最常见的奖助学金申请，就涉及公告通知、学生申请、院系审评、学校审批、全校公示、颁发仪式、奖金发放、奖学金后期管理等多个流程。当前，高校的奖学金和助学金项目逐年增多，只有将合适的流程进行融合，才能在规定的时间内有条不紊地完成任务。

三、“云共享”模式优化了运行机制

（一）明确高校学生事务管理主体职权范围

1. 学校层面的学生事务管理职能部门

（1）学校党委。我国高校全面实行党委领导下的校长负责制，在进行学生事务管理过程中必须强化中国共产党的领导核心地位，学生事务管理的各职能部门和二级党委要紧紧围绕在党委的周围，协调合作，互助管理，为学生成长成才和全面发展扬帆助力。在学生事务管理过程中，学校党委要做好统筹协调工作，积极发挥好领导、决策、协调、服务、监督等职责。做好集体领导和部门协调的统揽工作，为学生管理事务涉及的多个管理主体发挥保驾护航的作用，为高校学生事务管理工作的开展坚定方向。

（2）校党委学生工作部（处）。党委学生工作部是负责学生事务管理工作的学校职能部门，主要职责是制定学生事务管理工作计划、对高校学生开展思想政治教育和日常行为管理，选拔、组织、考核和培训学生事务管理一线人员等。校党委学生工作部一般下设多个组织机构，如思想教育科、学生资助科、学生管理科、创业教育和学生发展办公室、国防教育办公室、辅导员发展工作中心、心理健康教育中心、学业指导中心等，主要包括以下职能：第一，贯彻执行学校党委对学生事务管理工作的决策部署，协助制定相关政策、规划、制度并组织实施；第二，组织开展大学生党建和日常思想政治教育，抓好主旋律教育、新生思想教育、毕业生思想教育、先进典型教育等工作；第三，组织开展大学生日常行为管理与教育工作；第四，组织开展大学生“奖、贷、助、勤、免、补”等工作；第五，组织开展大学生创新创业和素质发展的教育和管理等工作；第六，组织开展大学生国防教育和国防生管理等工作；第七，负责学生事务管理的工作人员的选拔、管理、考核和培训等工作；第八，负责大学生心理健康教育等工作；第九，组织开展大学生学风建设和学业指导等工作；第十，与学生思想政治教育和日常管理相关的教育和管理工作。

（3）校团委。校团委是党委直接领导，负责共青团建设和青年管理的基层组织。大学生在学校的学习和发展活动与共青团密切相关。一般情况下，校团委下设学生组织建设、青年思想宣传教育、志愿服务、科技创新创业、社会实践、公共艺术教育等各个组织机构。校团委的工作职责包括以下内容：第一，贯彻执行学校党委对校团委的决策部署，协助制定相关政策、规划、制度并组织实施；第二，指导院系二级团委开展工作；第三，全面负责全校团员的思想教育、组织建设、宣传与网络、社会实践与志愿者活动、课外学术科技活动、大学生创新创业活动、文化艺术活动等工作；第四，负责学生社团的组织与建设。

（4）党委宣传部。党委宣传部是学校党委主管意识形态的职能部门，负责理论武装、宣传舆论导向、思想政治教育、精神文明建设和校园文化建设等工作。主要职责：一是负责制定并实施政治理论学习、形势政策等工作计划，组织协调全校思想政治理论教育和理论研究工作。二是负责制定思想政治教育、校园舆情调研等工作规划。三是负责制定校园文化建设规划、宣传阵地建设与管理。四是负责制定学校精神文明建设，并进行督促检查以及法治宣传教育。

（5）党委组织部。党委组织部是在校党委领导下负责全校党的组织工作、干部工作以及党员培训与发展工作的职能部门。在学生事务管理过程中，党委组织部的职责主要包括以下几方面：第一，负责制定学生党员干部队伍建设、学生党组织建设、学生党员队伍建设等方面的规划，并组织实施；第二，负责制定学校党员发展、党员的教育管理工作规划并实施；第三，负责学校学生党员和学生党组织的考核与评优；第四，负责指导二级学院学生党员工作和学生党组织工作的开展；第五，负责指导学生党组织开展党务工作，组织学生党员干部的教育与培训，学生党组织的思想建设、组织建设、作风建设、制度建设；等等。

（6）招生就业工作处。招生就业处是负责统筹全校本科生招生，以及本科生、研究生就业的学校职能部门。近年来，许多高校将招生就业工作从学生工作处分离开来，组建形成招生就业工作处，提高就业指导工作的专门性和高效性。在进行学生事务管理过程中，党委组织部的职责主要包括以下几方面：第一，负责全校毕业生就业的日常管理工作，审核毕业生信息，落实就业计划，负责毕业生就业方案上报和就业派遣工作；第二，负责开展就业指导课程，进行毕业生就业咨询；第三，策划组织毕业生供需交流会、双选会、全校性招聘工作以及就业质量报告的编写；第四，负责学校就业的市场开拓、宣传工作；等等。

（7）教务部。教务部是负责学校教学管理和服务的部门。在进行学生事务管理过程中，教务部的主要职责包括以下两方面：第一，负责学籍管理和信息采集；第二，负责组织开展大学生创新训练项目和学科竞赛；第三，负责学生考务工作。

除了上述直接服务学生的相关部门之外，还有一些部门的工作职责与学生事务管理内容存在交叉。比如，学校教务部、总务部、保卫处、校医院等部门。这些部门也应明确自身职责，在学生事务管理模式运行发展过程中，发挥好服务学生的重要作用，为学生发展提供安全、稳定、健康的学习和生活环境；等等。

2. 学院层面的学生工作办公室和学生组织

（1）学生工作办公室。学生工作办公室是学生事务管理的基层服务机构，在学校和学院党委的领导下以及学校学生工作部的指导下，组织和实施院系学生思想政治教育和日常管理等工作。在进行学生事务管理过程中，学生工作办公室作为与学生直接沟通与交流的一线组织，发挥了不可替代的作用。主要职责包括以下几方面：第一，在结合学校各职能部门工作计划和学生发展需求的基础上，负责制定和落实学院学生事务管理工作计划等；第二，负责开展大学生日常思想政治教育和网络思想政治教育；第三，负责学生日常管理、行为规范以及危机事件处理等工作；第四，负责学院辅导员、班主任、学生干部的管理和培训工作；第五，负责为学生提供学业指导、经济资助、职业规划、心理健康教育等直接服务工作；等等。

（2）院团委。院团委是学院党委和学校团委双重领导下的基层青年组织，主要围绕学院学生党团建设开展工作，肩负着团结青年、引领青年、服务青年的工作使命。院团委通常设置组织部、宣传部、实践部，由一名专职学生事务管理者担任团委书记，带领其他团委学生成员开展工作。在进行学生事务管理过程中，院团委的主要职责是负责组织开展团员思想教育和干部培养等活动；负责指导学生团体、学生组织开展和参加文体、创新、科技、公益类活动；负责向党组织推荐优秀团员作为党组织的后备考察对象；负责团员关系转接、团费收缴等其他日常工作。

3. 学生组织和学生个体

（1）学生党支部。学生党支部是党在大学生中的基层党组织，是党联系大学生的重要桥梁和纽带。在学校和学院党委领导下，学生党支部开展学生党员发展、教育和管理等各项工作。在进行学生事务管理过程中，学生党组织发挥着战斗堡垒的作用，主要有以下职能：第一，负责向大学生传达党的理论知识、方针路线、政策决议等基本知识；第二，负责宣传和落实上级党组织的工作指示和支部工作计划；第三，负责协助院党委做好党员选拔、培养、管理和评议等工作，加强与学生群众的联系；等等。

（2）学生组织和专业协会。学生组织和专业协会是在院团委指导下，学生主动自愿参与的学生事务管理的群众性组织，同时也是学生与学院进行沟通的主要平台和媒介，是学生自我发展、自我教育、自我服务、自我管理的主要阵地。在进行学生事务管理过程中，学生组织和专业协会主要有以下职能：第一，负责制定学生组织或专业协会的组织管理规定；第二，负责组织宣传并开展大学生课堂之外的各项活动；第三，参与学生在宿舍、课堂等环境下的日常行为管理；第四，协助专职学生事务管理者工作，发挥好沟通桥梁和纽带的作用。

（3）学生个体。学生要积极参与学术性活动之外的学生事务管理活动，改变过去“两耳不闻窗外事，一心只读圣贤书”的思想，把学校当作自己的第二家庭。参与“家庭”建设、管理和服务既是大学生的权利，也是大学生责任担当的体现。因此，大学生应该积极主动地参与与学生相关的各项管理活动、与学校发展密切的规章制度的制定，充分发挥管理主体的作用，提高民主协商、互动合作的组织管理能力。

（二）提高高校学生事务管理主体联动性

1. 加强学生事务管理中各职能部门的协调互动

根据管理的内容属性不同，高校设立了不同的学生事务管理职能部门，加强相关职能的制度规范化，明确各部门职权范围和管理内容。学校学生事务管理各职能部门分工不同，但管理地位平等，在管理过程中容易自成体系。因此，在优化学生事务管理模式时，要加强学生事务管理职能部门的横向交流，增加信息流动，避免学生事务管理工作的遗漏或重复，提高学生的管理和服务水平。在日常工作中，除了职责清晰、分工明确之外，各部门负责人可以定期进行交流，互相沟通中长期工作计划，对于共同负责的领域加深合作。部门成员之间也需要适时沟通，将近期汇总的工作问题进行沟通，总结工作经验，减少工作失误，提高工作效率。对于学生事务管理中的危机事件和突发情况，更是要第一时间共享信息，落实任务进度，灵活掌握工作方式，按内容属性及时划分到相关职能部门，避免出现无人问津的尴尬局面。

2. 增加校院学生事务管理者的双向沟通

我国学生事务管理模式中常见的是院系二级管理模式，学校学院层面各有职权。但在实际工作中，学校职能部门常常占据行政权威地位，采用自上而下的管理方式对院系一级管理人员下发政策通知和管理要求，缺乏信息之间的双向互动，容易致使信息在传播过程中失去效度，也难以获得信息反馈，不能及时了解政策实施的具体情况，不利于学生事务管理的科学化和高效化。另外，院系学生事务管理人员不仅要接受学校职能部门领导，由于人事权在院系，还可能有一身双职的情况出现，过多的行政事务占据了一线学生管理者的精力和时间。因此，学校职能部门要加强与院系一线学生事务管理者的双向互动，及时获得反馈信息，改进工作方式，让院系层面的管理人员专心于学生事务管理的本职工作。

3. 促进学生与学生事务管理者的信息流通

学校学生事务管理职能部门多是通过院系管理人员和学生组织（干部）了解学生的实际情况，在与管理对象的第三方进行沟通时，容易因为信息传递时间、表述等问题造成信息失真，从而无法获得学生的一手信息，也难以及时掌握学生发展情况。无论是学校学生事务管理职能部门，还是院系一线管理人员，其本职工作都是为学生发展保驾护航，因此，与学生双向沟通、了解实情十分必要。通过建立方便快捷的交流平台，依赖于规范化的管理机制，采用灵活多样的管理方式，让学生事务管理者和学生个体、学生组织共同参与学生事务管理，在相互依赖的权力关系中，相互合作、民主协商、共同推进学生事务管理工作实效化发展。

（三）丰富协同治理方式

协同治理理论坚持辅助性原则，注重管理手段的权威性和民主性。一方面，采用正式的治理方式，在规章制度的指导下进行强制管理。一方面，采用非正式治理方式，坚持各治理主体间的协商互动。

1. 正式治理方式

正式治理方式多是指传统上的学生事务治理方式，这种方式通常是在既定规章制度的规范下对学生事务进行权威管理，也是目前主要的治理方式。正式的治理方式以维护师生和学校共同利益为使命，主要包括以下几种方式：第一，学生代表大会制度。为了保证高校在管理过程中充分体现学生发展，需要定期召开学生代表大会，增加学校领导层与学生群体的对话沟通，减少矛盾，充分表达学生意愿和利益诉求。第二，学生仲裁制度。学生仲裁机构的成立，可以帮助学生解决事务管理过程中的纠纷和冲突。当学生利益受到侵犯时，为学生提供申诉平台，维护正当权益。第三，学生列席制度。在学校进行重大事务决策时，高校要充分考虑学生的主体权利，要做到公开透明，保证学生的知情权、参与权和监督权，确保决策过程公开公正、科学合理。

2. 非正式治理方式

非正式治理方式更强调民主性和自愿性，主要借助科技手段，搭建互动平台，扩大学生参与基础，是学生事务管理民主化的重要补充方式。通常情况下，校长信箱、校长接待日等方式都属于非正式治理方式。随着网络技术的发展，各种交流工具开始普及，也为线上参与学生事务管理提供了便利条件。微信、QQ、微博等交流平台，为学生和学生事务管理人员的互动、信息流通搭建了便利的平台。因此，高校学生事务管理部门应该在了解学生交流工具使用情况的基础上，主动设立各类网络公众平台，让学生及时发声，有利于学生事务管理者及时发现问题、解决问题。

参考文献

[1] 陈春莲 . 基于认知理论的新时期高校学生事务管理模式研究 [M]. 武汉：武汉大学出版社，2016.

[2] 王燕芳 . 多元视阈下的高校学生事务管理 [M]. 广州：中山大学出版社，2013.

[3] 童文胜 . 高校学生事务管理工作研究与思考 [M]. 武汉：华中科技大学出版社，2017.

[4] 黄燕 . 中美高校学生事务管理的质性比较与文化反思 [M]. 上海：上海大学出版社，2014.

[5] 杨锐 . 新时代高校学生事务管理理论与实践 [M]. 长春：吉林人民出版社，2021.

[6] 李正军 . 伦理视野中的高校学生管理 [J]. 求索，2004（10）：159–161.

[7] 识沂军 . 基于学生发展理论的学生事务管理实践案例 [J]. 思想政治教育研究，2012，28（2）：118–119.

[8] 方巍 . 美国高校学生发展理论评述 [J]. 外国教育研究，1996（4）：47–51.

[9] 柯羽 . 基于“学生发展”理念的学生事务管理模式探讨 [J]. 思想教育研究，2010（6）：103–105.

[10] 张圯姣 . 基于学生发展理论下高校学生管理改革探讨 [J]. 现代企业教育，2011（12）：213–213.

[11] 彭小孟 . 学生发展理论：我国高校学生管理改革理论的思考 [J]. 教育理论与实践 .2010，30（30）：3–5.

[12] 蔡国春 . 中美高校学生观与学生事务观之比较 [J]. 江苏高教，2001（4）：77–80.

[13] 徐士元，梅苏蔓 . 高校学生事务管理的伦理原则 [J]. 黑龙江高教研究，2008(1): 54–56.

[14] 储祖旺，蒋洪池 . 高校学生事务管理概念的演变与本土化 [J]. 高等教育研究，2009，（2）：25.

[15] 王显芳 . 十年来我国对美国高校学生事务管理研究综述 [J]. 比较教育研究，2006（3）：65–68.

[16] 李赛强，雷传平 . 我国高校学生事务与学生发展学科建设的几点思考 [J]. 当代教育科学，2008（11）：13–15.

[17] 时长江 . 论高校学生事务管理专业化发展 [J]. 中国高教研究，2007（8）：78–80.

[18] 林美璇 . 美国高校学生事务服务的观点、内容及其启示 [J]. 江西行政学院学报，2006（合刊 1 期）：132–133.

[19] 赵平 . 美国高校学生工作的哲学指导思想及其影响 [J]. 思想教育研究，1995（6）：42–43.

[20] 韩创举，郭涓普 . 信息化时代高校学生宿舍门禁管理现代化研究：评《高校学生事务管理探索与实践 [J]. 人民长江，2022，53（6）：248.

[21] 徐盛富 . 新时代高校辅导员学生事务管理法治化探究 [J]. 产业与科技论坛，2022，21（9）：26–28.

[22] 努尔古丽・穆斯林 . 以人为本视角下高校学生事务管理新定位 [J]. 科教导刊，2022（11）：143–145.

[23] 孙玉伟，韩瑞平 . 基于澳大利亚高校学生事务管理视角探赜我国高校辅导员职业发展长效机制 [J]. 内蒙古农业大学学报（社会科学版），2022，24（2）：53–58.

[24] 张璐阳 . 学校治理与学生管理：当代高校学生事务管理的革新向度 [J]. 华东纸业，2022，52（2）：104–106.

[25] 周浩 . 基于云提升学生日常事务管理效能的实践 [J]. 湖北科技学院学报，2022，42（1）：150–153.

[26] 沈洁，谢雯 . 人工智能赋能高校学生事务管理：背景、依据与路径 [J]. 煤炭高等教育，2021，39（6）：81–88.

[27] 杨涛，丁贤 . 新时代高校辅导员的角色定位 [J]. 湖北开放职业学院学报，2021，34（21）：27–28.

[28] 杨奥 . 高校学生事务管理专业化精细化规范化研究 [J]. 国际公关，2021（6）：58–59.

[29] 谭茼丹 . 我国高校学生事务管理中的品德教育 [J]. 文教资料，2021（14）：119–120，88.

[30] 王斌 . 大数据时代高校学生事务管理精细化研究 [J]. 齐齐哈尔师范高等专科学校学报，2021（1）：83–85.

[31] 魏芳 . 高校学生事务管理的基本原则 [J]. 江西电力职业技术学院学报，2020，33（10）：127–129.

[32] 宋传盛，谢守成 . 新时代高校学生事务管理的逻辑定位 [J]. 学校党建与思想教育，2020（6）：63–65.

[33] 蔡红生，李恩 . 移动互联网背景下高校学生事务管理的创新 [J]. 学校党建与思想教育（上），2018（21）：82–84.

[34] 李庆瑞，肖卓磊 . 学校社会工作引入高校学生事务管理：基于思想政治教育与学校社会工作的耦合模型 [J]. 长春大学学报，2017，27（10）：52–60.

[35] 杨聪林，蒋研川，萧倩 . 高校学生事务管理网络化建设机制创新研究 [J]. 重庆大学学报（社会科学版），2017，23（5）：123–130.

[36] 谭璐，刘阳 . 基于“易班”平台的高校学生事务管理信息化研究 [J]. 广东开放大学学报，2016，25（4）：105–109.

[37] 邓卓明，张波 . 高校学生事务管理应当注重五个结合 [J]. 思想教育研究，2015（12）：84–88.

[38] 刘宏达，许亨洪 . 以信息化推动我国高校学生事务管理与服务创新 [J]. 思想教育研究，2015（12）：89–92.

[39] 岳志强 . 网络时代高校学生事务管理信息系统的构建 [J]. 高校辅导员，2015（6）：48–51.

[40] 李家新 . 高校学生事务管理的三种典型模式 [J]. 现代教育管理，2014（3）：106–110.

[41] 曾昭皓，李卫东 . 高校学生事务管理模式的建构与创新：专业化高校学生事务管理系统初探 [J]. 思想教育研究，2011（10）：103–106.

[42] 张萍 . 基于网络技术的大学生管理工作新思路：评《高校学生事务管理工作研究与思考》[J]. 中国高校科技，2020（9）：103.

[43] 李广宗 . 互联网视域下高校学生事务管理工作的探究 [J]. 科技风，2020（25）：69–70.

[44] 徐黎悦 . “三全育人”背景下高校学生事务管理模式实践初探 [J]. 时代经贸，2020（25）：60–61.

[45] 曲悦 . 信息化技术在高校学生事务管理中的应用研究 [J]. 中外企业家，2020（16）：197.

[46] 王琪，陆庆海 . 基于学生发展的高校学生事务管理研究 [J]. 吉林工程技术师范学院学报，2020，36（2）：20–22.

[47] 杨萌 . 高校学生事务管理过程中融入“工匠精神”加强学生德育工作和职业素养教育 [J]. 产业与科技论坛，2019，18（18）：157–158.

[48] 陶昱婷，许博 . 基于 Web 的高校学生事务管理系统的研究 [J]. 计算机产品与流通，2019（5）：267–268.

[49] 苏珂 . 高校学生事务管理分析 [J]. 现代商贸工业，2019（1）：168–169.

[50] 唐昕 . 再议高校学生事务管理的理念 [J]. 教育观察，2018（1）：28–29，128.

[51] 张雷 . 高校实施书院制学生社区管理的探索 [J]. 教育与职业，2014（30）：44–46.

[52] 张强，姚薇，季卫兵 . 我国高校学生事务管理研究述评 [J]. 南京理工大学学报（社会科学版），2011（3）：86–89.

[53] 刘可风 . 以学生为本：高校学生事务管理新理念 [J]. 中国地质教育，2007（3）：15–20.

[54] 隽同强 . 学生发展理论下的我国高校学生事务管理 [D]. 苏州：苏州大学法，2010.

[55] 郭芳晴 . 信息化背景下高校学生事务管理创新研究 [D]. 武汉：华中师范大学，2014.

[56] 黄双 . “一站式”大学生服务中心问题研究 [D]. 贵阳：贵州师范大学，2018.

[57] 范毅 . 基于学生发展的我国高校学生事务管理研究：以 C 大学为例 [D]. 荆州：长江大学，2018.

[58] 骆阳阳 . 基于移动互联的高校学生事务管理系统的设计与实现 [D]. 新乡：河南师范大学，2015.